Ingrid Theresia Bleier

unter Mitwirkung von Elisabeth Strixner

Mit deinen
7 Sinnen
zum gesunden
Menschsein

Wie wir wieder lernen,
uns selbst zu vertrauen

SILBERSCHNUR  VERLAG

Haftung

Die Informationen dieses Buches sind nach bestem Wissen und Gewissen dargestellt. Sie ersetzen nicht die Betreuung durch einen Arzt, Heilpraktiker oder Psychotherapeuten, wenn Verdacht auf eine ernsthafte Gesundheitsstörung besteht. Weder die Autorin noch der Verlag übernehmen eine Haftung für Schäden irgendwelcher Art, die direkt oder indirekt aus der Anwendung des Inhalts dieses Buches entstehen könnten.

Copyright © 2021 Verlag »Die Silberschnur« GmbH

ISBN: 978-3-96933-006-7

1. Auflage 2021

Umschlaggestaltung & Satz: XPresentation, Güllesheim; unter Verwendung eines Motivs von © MC_MC; www.shutterstock.com
Druck: Finidr, s.r.o. Cesky Tesin

Verlag »Die Silberschnur« GmbH · Steinstraße 1 · D-56593 Güllesheim
www.silberschnur.de · E-Mail: info@silberschnur.de

Inhalt

Hier bin ich Mensch, hier darf ich's sein!

Johann Wolfgang von Goethe

Vorwort:

Sind wir noch bei Sinnen?

Am Anfang dieses Buches steht eine Frage: Sind wir noch bei Sinnen?

Diese Frage hat viele Facetten. Es ist die Frage nach Normalität, nach Ordnung, nach Gesundheit. Doch was hat es mit den Sinnen zu tun, ist das nur ein Zufall? Welche Bedeutung haben die Sinne heute für uns? Und wie hängen Sinn und Sinne zusammen?

Ich schreibe dieses Buch vom Frühjahr bis zum Herbst 2020. Diese Zeit wird wohl allen von uns als fundamentaler Einschnitt im Leben in Erinnerung bleiben. Wir haben quasi von heute auf morgen einen radikalen Umbruch erlebt, einerseits Einschränkungen, aufgewühlte Emotionen, Sorgen und Ängste aller Art. Liebgewonnene Lebensweisen kamen auf dem Prüfstand, Werte, Sichtweisen und der "Sinn" von vielem wurden und werden hinterfragt. Keinesfalls möchte ich hier über die Krise schreiben. Allerdings wurde mir einiges besonders deutlich in diesen Wochen und Monaten: Gesundheit wurde noch einmal ganz neu betrachtet. Das Thema rückte für fast alle Erdenmenschen ins Zentrum ihrer Aufmerksamkeit. Wenn wir früher schon gesagt haben, sie sei unser kostbarstes Gut, dann wurde sie jetzt noch wesentlicher. Dabei versteht aber jeder ein bisschen etwas anderes unter körperlicher, geistiger, ja und auch unter gesellschaftlicher Gesundheit. Und auch die Wege zur Gesunderhaltung und Gesundung sind vielfältig. Gerade in dieser aufgewühlten Zeit sind viele Fragen und Unsicherheiten entstanden. Wem oder was kann ich noch vertrauen? Wie und woran kann ich mich noch orientieren? Genau das sind seit Jahren die Themen, mit denen ich mich beschäftige. Ich bin privilegiert, dass ich in einer engen Verbindung zur geistigen Welt stehe, die uns, wenn wir unsere "Antennen" und Sinne entsprechend "geeicht" haben, wertvolle Impulse zukommen lässt. Viele davon sind in dieses Buch eingeflossen. Jeder kann hier Antworten finden, den Weg allerdings muss jeder selbst gehen. Mit diesem Buch beginnt eine Reise zur Gesundheitsfürsorge, zu Selbstvertrauen, Achtsamkeit und zur inneren Sicherheit. Eine Sicherheit, die wir nur in uns – wie mit einem eigenen inneren Kompass finden können. Daher bin ich dem Verlag sehr dankbar, dass dieses Buch, als erster Teil einer Reihe, gerade jetzt erscheinen darf.

Einleitung:
Die Nebel lichten sich ...
Gesundheit in Sicht!

Was bedeutet dir Gesundheit? Wohl jeder von uns ersehnt sich Gesundheit, Wohlbefinden und Stabilität. Gesundheit gilt als unser höchstes Gut. Das Gesundheitswesen ist ein Milliardengeschäft. Und doch scheinen wir als Gesellschaft und als Einzelner eher immer kränker und instabiler zu werden als gesünder. Da sind zum einen all die Zivilisationskrankheiten, neue unbekannte, diffuse Krankheitsbilder, mit denen selbst die Mediziner überfordert scheinen. Zum anderen können wir immer mehr seelisches Ungleichgewicht erkennen. Die Menschen haben vielfältige psychologische Themen, vor allem vielfältige Ängste. Und die Gesellschaft scheint ebenfalls mehr und mehr aus den Fugen zu geraten. Gerade die aktuelle Zeit kann uns für einiges die Augen öffnen. Wir können etliche der Belastungsfaktoren unseres Alltags benennen wie Stress, Umweltverschmutzung, Elektrosmog. Andere Faktoren sind weniger deutlich. Es ist oft eine unterschwellige Überforderung, Unsicherheit, Müdigkeit und Verwirrtheit. Manchmal kommen wir uns so vor, als würden wir durch einen Nebel tappen und könnten die Richtung nicht klar bestimmen. Kennst du das aus deinem eigenen Leben? Den Menschen fehlt vielfach Orientierung und Halt. Kennen wir noch gesunde Maßstäbe, hilfreiche Werte und den Sinn unseres Lebens, die uns Kraft geben? Dieses Buch ist ein Leitfaden für dich, um wieder in gesunde Strömungen und gesündere Strukturen zu kommen. Den Schlüssel bildet etwas jenseits von Techniken und Tools, ein Rüstzeug, das wir immer bei uns tragen: unsere Sinne. Das Schöne daran: Es ist ein Buch zur Selbsthilfe. Es zeigt dir, wie und wo du Eigenverantwortung übernehmen kannst. Dabei baue ich hier auf einem erweiterten Verständnis von Gesundheit, ja einem erweiterten Verständnis des Menschseins auf. Was darunter zu verstehen ist, werden wir im ersten Kapitel näher betrachten. Einige Worte werde ich auch zu mir selbst sagen, damit du sehen kannst, wer ich bin, welchen Weg ich gegangen bin und was mein Anliegen ist. Die spezielle Qualität meiner Arbeit liegt darin, dass ich eine tiefe und klare Anbindung an die geistige Welt habe, die Ebenen, die man auch als die Engelhierarchien kennt. Das möchte ich gleich vorausschicken. Denn im Buch kommen sehr viele Botschaften vor, die genau aus dieser geistigen Welt übermittelt wurden. Für manche mag das noch ungewohnt sein. Falls das bei dir der Fall ist, dann schlage ich dir vor, das Buch einfach einmal unvoreingenommen zu lesen und nachzuspüren, ob die Worte mit dir in Resonanz gehen. Sprich: ob sie dir stimmig und sinnvoll erscheinen.

Beim Stichwort "sinnvoll" sind wir bereits beim Thema dieses Buches: Sind wir noch bei Sinnen? Dieses ist der erste Band einer ganzen Reihe. Der Titel der Reihe lautet: *Kompass für gesundes Menschsein.* Es sollen also praktische Lebenshilfebücher mit vielen Übungs- und Meditationsanleitungen sein. Die Idee dahinter ist ein Bewusstseins- und Trainingsweg in mehreren Etappen, der dir eine Orientierung zu einem gesunden, authentischen

Leben geben kann. Wir werden noch sehen, weshalb wir ausgerechnet mit den Sinnen beginnen, denen vielen keine besondere Aufmerksamkeit schenken, solange sie "halbwegs funktionieren". Wir kennen zunächst den Haut- oder Tastsinn, den Sehsinn, den Hörsinn, den Geruchssinn, den Geschmackssinn. Diese werden wir aus verschiedenen Blickwinkeln beleuchten. Es kommen noch zwei höhere Sinne hinzu: Als 6. Sinn kennen wir das Ahnen oder Bauchgefühl und als 7. Sinn schließlich die Intuition.

Du fragst dich nun vielleicht, wie solche Botschaften aus der geistigen Welt, die ich gerade erwähnt habe, lauten und was sie mit unserem Leben zu tun haben? So möchte ich dir gleich einmal mitteilen, was uns die Helfer der geistigen Welt (Näheres dazu in Kapitel 5) über unsere Zeit und über diese Buchreihe sagen:

»In diesen Büchern geht es um wesentliche Aspekte einer sehr wichtigen Gesellschaftsthematik, nämlich dass ihr alle in einem mehr oder weniger starken Burnout seid. In einer Überforderung, in einem Ungleichgewicht, einer gewissen Verwirrung. Und auch in einem falschen Wachstumsprozess, aus dem ihr nur herauskommt, indem ihr eure Intuition und eure Sinne schärft, euch für eure innere Wahrheit öffnet und bereit seid, neu über das Menschsein zu denken.

Diese innere Wahrheit ist schon immer die größere Weisheit, an die jeder Mensch angeschlossen ist, da ihr Kinder eures Schöpfers seid. Also tragt ihr das Erbe der Schöpferqualitäten und der göttlichen Wahrheit in euch. Euer tiefes inneres Wissen ist daher mit der Quelle, mit Gott verbunden. Wisset also, dass alles wahre Wissen, auch das Wissen über Gesundheit, göttliche Ordnung und Gleichgewicht, stets abrufbereit ist, je nachdem, wie offen und zugänglich der einzelne Mensch ist.

Seit einiger Zeit macht sich jedoch mehr und mehr Vernebelung durch disharmonische und nicht lebensbejahende Lebensstile breit. Euer Umgang mit euch selbst, anderen Lebewesen und dem Planeten ist vielfach aus dem Gleichgewicht geraten. Es entsteht ein Ausnutzen und Abräumen von guten Dingen, wie guter Energie, gesunder Energie – zum Beispiel Nahrung und Elemente aus der Natur – ohne Dankbarkeit, ohne Liebe, ohne Würdigung, ohne Wertschätzung. All dieses Handeln geht in die falsche Richtung. Wichtig ist, dass ihr Menschen dies zunächst einmal erkennt und anschaut. Denn selbstverständlich besteht hier ein Zusammenhang zu eurer Gesundheit.«

Nun möchte ich dich mitnehmen, damit wir uns gemeinsam auf die Spur unserer Sinne machen. Du wirst sehen, dass es Sinne gibt, die sich vorrangig in die Außenwelt richten. Und dass es Sinne gibt, die sich auch nach innen richten. Wir wollen zeigen, wie die Sinne uns helfen, zu mehr Gesundheit zu gelangen. Denn unsere Sinne haben einen Sinn. Sie lotsen uns auf unserem Weg zurück zu gesundem Menschsein. Sie sind Teil unseres inneren Kompasses. Dieser Kompass ist inzwischen zu einem wichtigen Symbol für mich geworden. Er leitet mich nicht nur in meinem eigenen Leben, sondern auch bei all meinem Tun. Meine Einzelberatungen, Seminare und Bücher handeln letztlich davon, jeden Einzelnen darin zu unterstützen, den eigenen inneren Kompass zum Ich (Wesenskern) wieder zu entdecken sowie zum eigenen Potenzial und all seinen Möglichkeiten zu kommen.

Wenn du mehr über mich wissen möchtest, findest du meinen Weg unter "Über die Autorin" beschrieben. Hier möchte ich nur kurz von meinem Herzensanliegen sprechen. Seit ich denken kann, war es mein Wunsch, Menschen zu helfen, damit sie ihr

Leben besser meistern, ihr Potenzial erkennen und einbringen können in dieses Leben. Dies sollte bei jedem von uns mit Leichtigkeit, Freude und Dankbarkeit dem Schöpfer gegenüber geschehen und gleichzeitig mit einer guten Verwurzelung, Bewusstheit, Lebensbejahung, Gesundheit und Zentrierung im Hier und Jetzt. Denn genau so verstehe ich den Sinn des Lebens.

Ich würde mich deshalb freuen, mit diesem weiteren Buch durch die bereichernden Botschaften der geistigen Welt meinen Teil dazu beitragen zu können für eine bessere Welt mit gesundem und natürlichem Wachstum, mit echter Menschlichkeit und einer Achtung allen Lebens – für uns und unsere Nachwelt. Lasst uns die Nebel durchleuchten und klarer sehen!

Kapitel 1

Der Sinn der Frage nach dem Menschsein

Mehr als nur ein Körper ...

Ehe wir uns sinnvoll mit den Sinnen beschäftigen können, wird es ein bisschen philosophisch. Wir sprechen viel von Gesundheit. Was ist das denn? Nur das Fehlen von körperlichen Krankheiten? Was macht einen gesunden Menschen aus? Diese Frage stellt sich sicher jeder einmal im Laufe des Lebens. Besonders dann, wenn sich Symptome im körperlichen Bereich zeigen, Schmerzen auftreten, Probleme im Gefühlsbereich oder Hindernisse auf dem Lebensweg. Bei all diesen Herausforderungen beginnen wir, grundlegende Fragen zu stellen: Wieso erlebe ich das? Ist alles nur zufällig? Oder hat es mit mir selbst zu tun? Kommt es von unguten Gewohnheiten? Hat es mit der Kindheit zu tun? Ist es vererbt oder eine Prägung? Oder sogar unser Karma? Dazu müssen wir uns freilich fragen, was der Mensch denn überhaupt ist. Ist er nicht viel mehr als eine biologische "Maschine", die man reparieren kann? Diese Frage klingt vielleicht komisch, doch das Menschenbild bestimmt ja, was ich für möglich halte und welche Wege und Mittel ich suche, um mein eigenes Menschsein gesund zu erhalten. Es bestimmt übrigens neben der Medizin auch das Bildungssystem, die Politik und vieles mehr, doch davon soll hier nicht die Rede sein. Wir bleiben vorrangig bei Gesundheit, Wohlbefinden und Stabilität. Wenn ich mich als bessere Maschine sehe, werde ich diese ein wenig warten oder (chirurgisch) optimieren, aber, wenn es sein muss, auch Teile auswechseln oder ein "Update" durchführen. Wenn ich mich als höheres Tier sehe, werde ich mir vielleicht die Grundbedürfnisse erfüllen und mich wundern, dass mir doch irgendetwas fehlt, auch gesundheitlich. Was also ist der Mensch?

Die Wahrheit ist, so wie ich es erkannt habe und wie sie mir von meinen geistigen Helfern, den Schöpferengeln, übermittelt wird, dass der Mensch hochkomplex ist. Ein Kunstwerk! Ein lichtvolles Wesen mit vielen, teils unsichtbaren, Schichten und Entwicklungspotenzialen. Die alte Aussage, dass wir aus Körper, Seele und Geist bestehen, stimmt. Wir vergessen es oft. Und auch unsere Medizin berücksichtigt nicht immer, dass wir ein wunderbarer Dreiklang aus physischen, seelischen und geistigen Elementen und Vorgängen sind, die sich wechselseitig beeinflussen. Dabei macht doch jeder von uns ganz real und häufig die Erfahrung, dass dies stimmt. Wenn du beispielsweise ständig Probleme wälzt oder tief traurig bist, wird sich wohl, wie es viele alte Gesundheitslehren besagen – oder auch moderne Lebenshilfeautoren beschreiben –, der Körper melden. Es gibt eine regelrechte "Organsprache", durch die wir etwas über unser Seelen- und Geistesleben und unser ganzheitliches Wohlbefinden erfahren können. Vereinfacht ausgedrückt kann sich bei gestautem Ärger die Leber melden, obwohl du womöglich nie Alkohol trinkst und keine fette Nahrung zu dir nimmst. Bei manchen

Symptomen wie Migräne oder Schlafstörungen sind uns diese Zusammenhänge noch geläufig und eventuell fragen wir selbst danach, wie es uns seelisch geht. Auch das Thema der Psychosomatik ist heute bereits anerkannt. Wie kann es nun sein, dass durch starke Traurigkeit oder bei einem Gefühl von Ablehnung oder bei einer bestimmten Angst körperliche Reaktionen auftreten, die sich unter Umständen sogar zu chronischen Beschwerden ausweiten können? Bei einer Biomaschine wäre dies sicher nicht der Fall. Wir werden gleich sehen, wie hier alles miteinander in Verbindung steht und welch tiefe Weisheit sich in diesem Zusammenspiel ausdrückt. Wenn du zu ahnen beginnst, dass viel Weisheit in deinem Körper – zu dem deine Sinnen gehören – steckt, kannst du beginnen, ihm zuzuhören. Vertraue ihm! Vertraue, dass er dir unter anderem durch ganz deutliche Sinnesempfindungen verrät, wie du wieder zu echter Gesundheit kommst. Hinter jedem Symptom liegt eine tiefere Ursache. Seelische und geistige Themen, die dich bewegen, können sich mit der Zeit im Körper manifestieren. Doch, so sagt uns ja allein die Logik, dann müsste ich doch bis zu einem gewissen Grad auch den umgekehrten Weg gehen können – mir die seelischen und geistigen Themen ansehen, um meinen Körper zu heilen. Die gute Nachricht: In vielen Fällen ist dies möglich! Wie GENAU das im "Kunstwerk Mensch" abläuft, wollen wir uns ansehen. Das ist nichts rein Theoretisches. Ich schreibe von Dingen, die ich selbst erlebt habe. Am Ende des Buches habe ich dir meine Geschichte aufgeschrieben, die auch mit einem Leidensweg verbunden ist: von der Krankheit zur Gesundheit mit vielen Einsichten.

Der energetische Mensch

Wie können wir uns also diesen Menschen aus Körper, Seele und Geist vorstellen? Nun, der Geist ist unser Wesenskern, unser eigentliches, höheres Selbst, das seine Heimat in der geistigen Welt hat. Deshalb steht uns die geistige Welt auch grundsätzlich offen. Dieser Geist durchdringt unsere Seele und unseren Körper. Über die körperlichen Sinne erlebt sich die Seele in der Welt. Körper und Seele können wir uns auch als verschiedene Schwingungsfrequenzen vorstellen. Denn alles in der Schöpfung ist Energie, ist Schwingung! Wir sind also geistige Wesen. Und wir sind auch energetische Wesen – Wesen mit verschiedenen, sich teilweise durchdringenden Energiefeldern. Natürlich sind diese für die meisten Menschen unsichtbar. Es sind feine Kleider, die unseren sichtbaren Körper umhüllen. Betrachten wir uns diese Energiefelder genauer, denn sie sind der Schlüssel. Über sie können wir Selbstheilungsprozesse aktivieren. Du entwickelst ein Gespür für dich selbst. Hierzu sagt weiter die geistige Welt Folgendes:

»Weiter ausgeholt solltet ihr wissen, dass es außerdem ein feinstoffliches System, ein Energiesystem, gibt, das den Menschen in seinem Verhalten ausmacht, dazu gehörten die Sinne ebenso wie die Energiezentren, die sogenannten Chakren, und das gesamte Energiefeld, die Aura mit all ihren Schichten. In dieser Aura gibt es Felder (auch Körper genannt): ein Gefühlsfeld, ein Gedankenfeld, die Ausstrahlung eures physischen Körpers (Vitalfeld) sowie das geistige Feld, das man auch Spiritualfeld nennt. Dieser Spiritualkörper beinhaltet alles Wissen und alle Weisheit, welche euch ausmachen. Euer Spiritualkörper ist mit eurer Weisheit, euren Potenzialen, karmischen Erfahrungen und

Erlebnissen befüllt, die ihr in früheren Daseinsformen (Inkarnationen) schon durchlebt habt.

Glaubt nun auch daran, dass diese Energiezentren und Felder wichtiger sind, als die Menschen bisher dachten. Es ist jetzt die Zeit, in der sich viel mehr Menschen mit ihrem Energiefeld und mit der eigenen Kindheit und mit Prägungen, aber auch mit Potenzialen beschäftigen, da immer mehr aufwachen und erkennen, dass sie in einem Hamsterrad des Funktionierens gefangen sind. Sie erkennen, dass sie sich zwischen Erschöpfung, Selbstbetrug und Getriebensein hin und her bewegen. Wenn Menschen den Ausgang nicht mehr finden, also keinen Ausweg mehr sehen, sind auch hier der innere Kompass und die mit ihm verbundenen Sinne nicht mehr gesund. Deshalb erscheint ihnen ihr Leben statt sinnhaft vielmehr sinnlos.«

Dass das Modell des energetischen Menschen nicht nur eine nette Idee ist, sondern Wirklichkeit und Wirksamkeit hat, kannst du daran ablesen, dass diese Sichtweise in vielen alten Kulturen und Heilsystemen vorkommt. Hier kann ich auf die chinesische und indische Medizin verweisen, aber auch auf Heiltraditionen indigener Völker und einige andere. Außerdem gibt es auch heute zahlreiche Menschen, die schlicht und einfach SEHEN können, dass der Mensch so aufgebaut ist. Sie haben gelernt, feinere Schichten wahrzunehmen, die sogenannte Aura. Sie sind feinsinnig. Manche sagen auch "übersinnlich", hellsichtig oder hellhörig. Ich gehöre zu diesen Menschen. Für mich ist es eine Freude und Aufgabe, diese Gabe in den Dienst der Menschen zu stellen. Und das tue ich seit über 20 Jahren. Mir ist dabei jedoch ebenfalls wichtig, dass wir unseren physischen Körper nicht geringschätzen. Die meisten Menschen lernen immer mehr, dass es auch gilt, ihren physischen Körper gesund und vital zu halten. Dieser Körper ist wie unser Fahrzeug oder Werkzeug für unseren Geist und unsere Seele, also eng gekoppelt an unser Denken, Fühlen und Wahrnehmen. Stelle dir deshalb die Fragen: Wie gesund und vital bin ich auf körperlicher Ebene tatsächlich? Ernähre ich mich gesund? Achte ich auf genügend Schlaf, Bewegung, Sport und frische Luft sowie Entgiftung, Entspannung und eine Balance von Aktivität und Regeneration im Alltag? Wir werden dazu später, in Kapitel 4, noch mehr erfahren.

Zu einer Einheit und Ganzheit des Menschseins gelangen wir jedoch erst, wie ich bereits gesagt habe, wenn wir unser feinstoffliches "Energiekleid" in unsere Bemühungen um Gesundheit, Orientierung und Stabilität mit einbeziehen. Nehmen wir uns ein paar Augenblicke Zeit, um diese Energiezentren und Energiefelder des Menschen mit ihren verschiedenen Aufgaben genauer anzusehen. Versuchen wir, uns ein inneres Bild dieses energetischen Menschen zu malen: Das Gesamtenergiefeld, die menschliche Aura, umhüllt und durchdringt den ganzen physischen Körper, denn sie ist dreidimensional. Sie umgibt den Körper eines gesunden Menschen in einer elliptischen oder auch Eiform. Dabei setzt sich die Aura des Menschen aus verschiedenen Schichten bzw. verschiedenen "Körpern" zusammen. Das bedeutet: Nicht nur das für gewöhnlich Sichtbare ist erwähnenswert und wichtig, sondern auch und besonders das Unsichtbare. Alles, was eine atomare Struktur besitzt, hat auch eine Aura bzw. ein Energiefeld. Jedes Atom eines jeden Stoffes besteht aus Elementarteilchen (z. B. Elektronen oder Protonen), die sich in ständiger Bewegung befinden. Elektronen oder Protonen sind elektrische und magnetische Energieschwingungen. Energiefelder von Menschen, Tieren, Pflanzen oder Bäumen sind beispielsweise leichter zu spüren und wahrzunehmen, da Atome von Lebewesen aktiver sind und stärker vibrieren als die von lebloser Materie. Es gilt als erwiesen, dass die Energie des Menschen eine umso stärkere Schwingung hat, je gesünder dieser sowohl in körperlicher als auch in spiritueller Hinsicht ist – und dass auch die Aura sich dementsprechend ausdehnt. Aber auch umgekehrt! Das bedeutet, je stärker die Aura ist, desto unwahrscheinlicher ist es, dass sie durch äußere Kräfte negativ beeinflusst werden kann. Im Gegenschluss heißt das wiederum, dass sich der Mensch bei einem wenig ausgeprägten Aurafeld leichter manipulieren lässt und sich schneller erschöpft fühlt. Äußere Einflüsse vermögen so leichter einzudringen. Geschwächte Auren können Krankheiten, Versagensängste und Unsicherheit bei der Bewältigung vieler Lebenssituationen hervorrufen. Die Größe, Form und Farben der Aura sowie die Klarheit der Farben können Aufschluss über bestimmte Aspekte der physischen, emotionalen, geistigen und spirituellen Gesundheit geben. Und nun wird es bunt ...

Chakren und Schichten der Aura

Seit einiger Zeit spricht man auch bei uns viel von den sogenannten Chakren. Vielleicht kennst du sie schon. Etwas ausführ-
licher stelle ich sie dir im Anhang dieses Buches vor. Hier erwähne
ich sie nur, insofern sie mit unserem inneren Kompass und
einem ganzheitlichen Gesundheitsverständnis zusammenhängen.
Der Begriff Chakra stammt aus dem Sanskrit und bedeutet
"Lichtrad". Das Chakrensystem im Menschen, das wir uns wie
eine leuchtende Perlenschnur in unserer vertikalen Achse vorstellen können, ist ein Energiesystem, welches Körper und Geist lebendig und gesund erhält und das beide möglicherweise sogar
erzeugt. Die sieben Hauptchakren sind mit unserem Sein iden-
tisch. Sie sind das, was wir fühlen, was wir denken und wie wir
uns verhalten. Sie bestimmen, wie wir mit den Sinneswahrnehmungen der Welt umgehen, wie wir etwas zum Ausdruck bringen
und wie wir etwas erschaffen. Durch die Chakren erfahren wir
das Leben, nehmen unsere Umwelt wahr und treten in Beziehung
zu uns selbst und anderen. Diese auf der Körpermittellinie gele-
genen Energiezentren haben eine wesentliche Bedeutung für die
Regulation von lebensenergetischen Prozessen auf allen Ebenen.
Hellsichtige Menschen können die Chakren wahrnehmen. Aus
meiner eigenen praktischen Erfahrung kann ich sagen: Sie sehen
aus wie Energiewirbel oder Räder, sind nach vorne offen und
hinten, entlang der Wirbelsäule, an das Energiesystem angebunden. Die unteren Chakren sind für die materielle Ebene zuständig,
z. B. Überleben, Fortpflanzung, Kämpfen, Durchsetzen. Die
oberen Chakren sind für die Entfaltung des höheren menschlichen
Wesens, die Kommunikation, die sozialen Fähigkeiten und die
geistig-spirituelle Entfaltung zuständig. Man kann auch sagen,
die unteren Chakren sind mit unseren äußeren Sinnen verbunden,
die höheren Chakren mehr mit unseren inneren oder höheren

Sinnen. Jedes Chakra hat eine andere Farbe und Bedeutung. Dabei können Chakren folgende Auffälligkeiten aufweisen, die man durch geeigneten energetischen Ausgleich bearbeiten kann: zu wenig oder zu viel Energie, Falschdrehung, Stillstand, zu dunkel, zu blass, graue Stellen, helle oder dunkle Flecken und einiges mehr. Wenn du im Anhang dieses Buches oder in einem anderen Buch über diese Chakren liest, dann bedenke, dass wir nicht lediglich Wissen zu den einzelnen Energiezentren auswendig lernen, sondern gleichzeitig spüren sollten, was wir dazu an uns selbst an Empfindungen, visuellen oder sonstigen Eindrücken feststellen. Die Auseinandersetzung, Aktivierung und mentale Klärung unserer Energiezentren schulen wiederum unsere Aufmerksamkeit, unser Körpergefühl und unsere inneren Sinne.

Ich habe schon beschrieben, dass die Aura außerdem aus verschiedenen, sich durchdringenden Schichten oder "Körpern" gebildet wird. Ich stelle sie dir hier kurz vor. Das wird dir helfen, diese Schichten gut visualisieren und erspüren zu können. Denn wir brauchen dieses Vorstellungsvermögen für gezielte Übungen und Meditationen, um diese Felder klar und stark zu halten, wie du etwas weiter unten erfahren wirst. Indem du dich in diese Schichten einfühlst, schulst du zugleich deine inneren "Wahrnehmungsfühler". Ich lade dich ein, alles Weitere nicht einfach nur mit dem Kopf zu lesen, sondern das Beschriebene immer gleich innerlich mitzuerleben, wenn du möchtest. So wird das Buch zum Training innerer und äußerer Sinne.

Vitalitätskörper (Ätherkörper)

Dieser Körper strahlt etwa 5 bis 10 Zentimeter von deinem "echten", physischen Körper nach außen ab und besteht aus sogenannten vitalen Kräften oder Energieschwingungen, die den physischen Körper zusammenhalten bzw. aufbauen. Auf dieser Ebene wirken zum Beispiel klassische energetische Heilmethoden wie die Akupunktur. Die Engel sagen dazu:»Die Durchblutung bewirkt eine bestimmte Pulsierung oder Frequenz von Lebendigkeit, die in und um euren Körper als lebenserhaltendes Feld wirkt.« An der Ausstrahlung dieses ersten Energiekörpers, auch Ätherkörper genannt, ist sichtbar, wie ein Mensch sich fühlt hinsichtlich seiner Gesundheit und Vitalität. Wenn du Kontakt aufnehmen möchtest zu deinem Vitalkörper, dann kannst du mit diesen Leitfragen beginnen, die gleichzeitig deine Körper- und Selbstwahrnehmung und deine Empfindungsfähigkeit steigern können:

- Wie vital fühle ich mich gerade?
- Möchte ich mehr Vitalität verspüren und wie könnte sich das anfühlen?
- Wann habe ich mich schon einmal so richtig vital gefühlt?
- Welche Erdung oder "Bodenhaftung" habe ich?
- Wie viel Sport und Bewegung gönne ich meinem Körper?
- Wie steht es um meinen Flüssigkeitshaushalt?
- Wie gesund ernähre ich mich?
- Welche Farben in der Nahrung sind für mich wichtig?
- Welche Zutaten in der Nahrung sind für mich wichtig?
- Wie ist meine Atmung?
- Wie fühle ich mich, wenn ich mich in der Natur aufhalte?
- Sorge ich für ausreichende Aufenthalte in der Natur?
- Wie ist mein individuelles Bedürfnis nach "Natur"?

Im vierten Kapitel wirst du noch viele Hinweise und Tipps bekommen, wie du mit einfacher Gesundheitsfürsorge gerade auch deinen Vitalkörper stärken kannst. Eine wichtige Bemerkung möchte ich noch hinzufüge, die auch die Engel betonen: Drogen jeglicher Art und Psychopharmaka zeigen sich in der Aura als Löcher, Kerben oder "Schrammen". Diese Störungen sind nicht so einfach auszugleichen. Sie machen die Menschen labiler und senken die Vitalität. Da wir den Vitalkörper dem ersten und zweiten Chakra zuordnen können, hat er auch einen deutlichen Bezug zu dem Geruchs- und Geschmacksinn. Dies wird dich jetzt vielleicht nicht mehr sehr wundern, wenn du daran denkst, wie unmittelbar dich gutes, gesundes Essen, frische Luft und natürliche Aromen in deiner Vitalität und Lebenskraft stärken können.

Der Emotionalkörper (Astralkörper)

Jeder Mensch hat einen Gefühlsbereich oder ein emotionales Feld. Dieser sogenannte Emotionalkörper ist etwa 15 bis 20 Zentimeter außerhalb deines physischen Körpers sichtbar oder fühlbar. Es ist die Auraschicht, die mit Emotionen und Gefühlen zu tun hat. Sie zeigt vor allem deine "Grundgestimmtheit" oder seelische "Farbe". Wut, Hass, Trauer, Leid, Freude, Schwermut usw. sind alle im Emotionalkörper sichtbar, besonders dann, wenn du dich häufig in einem oder mehreren dieser Gefühlszuständen befindest. Auch sämtliche Verletzungen aus der Kindheit oder – soweit du dir das vorstellen kannst – aus früheren Leben werden hier gespeichert. Dieser Körper speichert und spiegelt Stimmungsschwankungen wider und ebenso tiefe Verletzungen emotionaler Art, Traumata und Missbrauch. Unerlöste Belastungen, Gefühlsblockaden und Verknotungen im Emotionalkörper strahlen Energie nach außen und ziehen genau die Situationen und die Menschen an, die für die mögliche Auflösung wichtig sind. Deine ungelösten emotionalen Belastungen können auch deine gegenwärtigen Sinneswahrnehmungen und Erlebnisse einfärben. Durch diese Zusammenhänge beginnst du vielleicht zu erkennen, wie wichtig die Arbeit am Emotionalkörper sein kann, wenn du die Weichen für dein Lebensglück neu stellen möchtest. Ich möchte dir wieder Leitfragen an die Hand geben, mit denen du anfangen kannst, für einen gesunden Emotionalkörper zu sorgen:

• Was beschäftigt dich gefühlsmäßig derzeit?

• Wie gehst du mit deinen Gefühlswahrnehmungen um? Erlaubst du sie dir, drückst du sie aus?

• Kennst du Mittel und Wege, um emotional wieder in die Balance zu kommen?

• Was berührt dich oder geht dir grundsätzlich sehr nahe – und wie gehst du damit um?

• Wenn du dich emotional belastet fühlst, frage dich, ob du dir selbst und anderen mehr vergeben solltest. Finde eine geeignete Form dafür!

Da der Emotionalkörper vor allem mit dem dritten und vierten Chakra zusammenhängt, besteht auch eine Verbindung zum Tastsinn und Sehsinn. Wie empfinde ich das Leben und die Welt? Und wie trete ich in Beziehung? Beeinflussen meine Emotionen das Erleben der Gegenwart auf ungünstige Weise? Wünsche ich mir einen ausgeglicheneren Gefühlshaushalt und freiere Sicht auf die Menschen und Dinge um mich?

Der Mentalkörper (niederer Geistkörper)

Der Mentalkörper ist circa 30 bis 50 Zentimeter von dem physischen Körper entfernt und strahlt, abhängig von dem Bewusstseinszustand und der Entwicklung des Menschen, sogar noch weiter aus. In ihm werden all deine Denkmuster sowie Fantasien gestaltet und gespeichert. Der Mentalkörper ist zuständig für deine Gedankenstrukturen wie Glaubenssätze und Überzeugungen. Da, wie du inzwischen gesehen hast, die feineren Schichten "über kurz oder lang" alle auch auf den physischen Körper und dein Leben einwirken, ist es wichtig, diesen Körper immer wieder von falschem Gedankengut zu reinigen. Kannst du dir vorstellen, dass dies umso dringlicher ist in unserer Zeit der Informationsüberflutung und der konzentrierten geistigen Arbeit, sei es beim Lernen, sei es in der Arbeit oder sogar privat beim Aufnehmen von Nachrichten aller Art? In meiner Praxis sehe ich tagtäglich, dass das Mentalfeld vieler Menschen heute geradezu "überquillt" oder sich "verschlackt" zeigt für meine hellsichtige Wahrnehmung. Dem wichtigen Thema der "Mentalhygiene" werde ich einen weiteren Buchband widmen. Es liegt mir jedoch daran, dir gleich wichtige Hilfsmittel an die Hand zu geben. Dazu findest du weiter unten spezielle Reinigungsmeditationen. Je stärker der Mentalkörper ausgebildet und bearbeitet ist, umso strahlender und größer ist sein Energiefeld. Wenn hingegen viel negatives Gedankengut gespeichert ist, kann das Feld recht schmal und grau sein. Genauso wie deine Sicht auf die Welt. Es ist das Gegenteil von einem weiten Horizont, einem staunenden Blick auf das Leben und einer offenen Haltung. Deshalb empfehlen uns die Engel: »Arbeitet an eurem Gedankengut. Denkt gute Gedanken!« Dies gelingt dir am besten, indem du hinderliche Gedankenmuster durch positives Gedankengut sowie Affirmationen, sprich positive Sätze, ersetzt. Zum Beispiel ersetzt man negativ gespeicherte Gedanken wie "Ich bin nicht wertvoll", "Ich kann das nicht" etc. durch positive Gedanken wie "Ich bin wertvoll" und "Ich traue mir das zu". Wenn du magst, beginne auch hier mit einigen Leitfragen für einen gesunden Mentalkörper:

• Welche Glaubenssätze, die nicht zu dir gehören, beschäftigen dich immer wieder? Welche neuen Sätze kannst du dazu formulieren?

• Nimm einmal bewusst wahr, was "es so alles in dir denkt".

• Kennst du Wege, um aus dem "Mentalkarussell" auszusteigen?

• Wo kritisierst du dich selbst? Denke nicht klein über dich, sondern wertschätzend und positiv.

• Kannst du dir erlauben, das beständige Urteilen und Bewerten (von dir und anderen) loszulassen? Wie fühlt es sich an, die "Maschinerie" der Werturteile loszulassen?

• Gönnst du dir mentale Pausen?

• Achte darauf, wie viel und welche Information du jeden Tag aufnimmst und wie es dir damit ergeht.

• Fühlt sich dein Denken selbst- oder fremdbestimmt an?

• Wie bekommst du deinen Kopf am besten frei?

Denken und Fühlen hängen zusammen! Natürlich durchdringen und beeinflussen sich Emotional- und Mentalkörper wechselseitig. Daher gilt: Wenn wir uns im positiven Denken üben, ist es unerlässlich, dass wir uns selbst immer wieder alles verzeihen und akzeptieren, dass all das bisher Gedachte lediglich ein anerzogenes Muster war. Im Denken können wir so viel positive Änderung erschaffen! Es wird dir vermutlich unmittelbar einleuchten, dass der Mentalkörper eng zusammenwirkt mit dem fünften und sechsten Chakra. Denken, Intuition und Kommunikation spielen hier hinein. Der Bezug besteht hier wiederum zum Gehörsinn sowie zur Intuition. Anstatt nur alles (oft ungefiltert) aufzunehmen und anzuhören, können wir allmählich feiner und bewusster lauschen, Zwischentöne vernehmen und schließlich die eigene innere Stimme "hören". Dies ist ein Weg, der dir mit der Zeit nicht nur dabei hilft, hellhöriger zu werden, sondern auch dabei, dein Mentalfeld zu ordnen, es heller und stärker zu machen. Du lernst, die innere Stimme und deinen Wahrheitssinn von anderen "Einflüsterungen" zu unterscheiden.

Der Spiritualkörper (Kausalkörper)

Der Spiritualkörper des Menschen liegt etwa 50 Zentimeter bis einen Meter außerhalb des physischen Körpers in der Aura. Diese Energieschicht ist zuständig für alle Speicherungen, die mit "Karma" zu tun haben. Dabei gehen wir von mehreren Erdenverkörperungen (Inkarnationen) aus. Dir ist der Gedanke noch fremd? Ich möchte dich dazu einladen, diese Vorstellung einfach einmal unvoreingenommen stehen zu lassen. Karma (ein Sanskritwort aus den alten indischen Lehren) bezeichnet das Gesetz von Ursache und Wirkung. Das heißt, dass die Seele das, was der Mensch in jedem Leben vollbracht oder getan hat, speichert und es sich als Wirkung manifestiert. Alles, was wir tun, setzt demnach eine Ursache. Ich handle (oder denke) auf bestimmte Weise und später erfahre ich die Wirkung. Die Wirkung kann zeitverzögert oder auch unmittelbar erfolgen. Ein Bewusstsein über diese Zusammenhänge kann zu neuem Lebenssinn führen! Die geistige Welt sagt es so:

»Dies ist so zu verstehen, dass der Mensch über dieses Ursache-Wirkungs-Prinzip existiert. Alles, was ihr verursacht, werdet ihr auch ernten. Ihr nennt es Karma. Deshalb bitten wir euch Menschen, wenn ihr nun diese Einsicht habt, euch bewusst zu entscheiden, eure Gedanken zu beobachten und bewusst zu sein im Handeln. Sobald ihr über das Karmaprinzip Bescheid wisst und es annehmen könnt, achtet bitte darauf, ›Gutes zu tun‹ und in Zukunft in diesem Sinne bewusst zu leben. Alles, was ihr tut, werdet ihr ernten! Geht mit diesen Gedanken durchs Leben, dann werdet ihr viel auflösen und lebensförderlich neue Samen säen können.«

In meiner Auratherapiepraxis erlebe ich gerade in diesem Energiefeld besonders tiefgehende Erkenntnisprozesse und Transformationen bei meinen Klienten. Es ist wunderschön zu sehen, wenn sich hier alte karmische Belastungen in Einsichten und neuen Sinn wandeln dürfen! Doch nicht nur Belastungen liegen hier verborgen, sondern auch die Potenziale eines individuellen Menschen, sein Seelenkern. Wenn du in Berührung mit deinem Spiritualfeld und damit auch mit deinem Potenzial kommen willst, dienen dir folgende Leitfragen:

• Welche besonderen Fähigkeiten begleiten dich bereits seit deiner Kindheit?

• Förderst und nutzt du diese?

• Hast du bei manchen Begegnungen mit Menschen das Gefühl, dass es eine karmische Verbindung sein könnte?

• Siehst du in solchen Fällen genauer hin, um eventuell Belastendes zu transformieren und loszulassen?

Da du nun bereits das Energiesystem des Menschen und einige Zusammenhänge kennst, ist es vielleicht interessant für dich, Folgendes zu wissen: Je mehr du im Emotionalkörper und Mentalkörper erledigt und aufgearbeitet hast, desto strahlender ist der Kausalkörper. Diesem Feld sind das siebte Chakra oder das 8. Chakra und auch noch weitere höhere Chakren zugeordnet, die wir hier nicht behandeln können. Die Beschaffenheit deines Spiritualkörpers sagt auch etwas über die Stärke und Reinheit deiner Verbindung zur geistigen Welt, zur Quelle, zu Gott aus. Und welchen Bezug hat der Spiritualkörper zu den Sinnen? Hier geht es nun über deine physischen Sinne hinaus zu den sogenannten "übersinnlichen" Wahrnehmungen. Der 7. Sinn ist eben diese Verbindung zur geistigen Welt. Im 7. Sinn erwachen deine außersinnlichen Wahrnehmungen und deine Medialität.

Geschützt und gestärkt

Heute gibt es übrigens schon erste wissenschaftliche Ansätze, die zeigen, dass eine gesunde Aura überdies das Nervensystem entspannen, die Immunabwehr stärken und den Stoffwechsel regulieren hilft. Und die Aura steht ganz unmittelbar in Verbindung mit unserem inneren Kompass. Wieso sind daher Auraschutz und Aurareinigung wichtig? Dein Energiefeld ist fortwährend sämtlichen Einflüssen ausgesetzt, nämlich positiven sowie negativen Stoffen und vor allem Schwingungen bzw. Informationen. Oft beachten wir das nicht so sehr, denn das meiste davon ist ja unsichtbar. Erst wenn wir wirklich krank werden, denken wir womöglich auch an diese Faktoren. Wir können aber hier schon so viel an Gesundheitsprophylaxe tun! Merke dir: Auraschutz und Aurastärkung sind Gesundheitsschutz und ein Schutz für deine Sinne. Ungute Einwirkungen können sein: Elektrosmog und andere Strahlungen, die negative Nachrichtenflut der Medien oder Einflüsse durch andere Wesen und Menschen, die sich auf einer niedrigeren Ebene (Schwingungsfrequenz) befinden. So wird unser Energiefeld gleichsam automatisch durch niedrigere Frequenzen oder Störfelder beständig "gepiesackt" oder gereizt. Die Engel rufen uns zur Vorsicht und Achtsamkeit gegenüber solchen Dingen auf. Sie sagen:»Da ihr meist nicht wisst, wie ihr euch dagegen schützen oder zur Wehr setzen sollt, geben wir euch Menschen nun einige Anweisungen aus unserer Sicht, die jeder von euch erlernen oder ausführen kann.« Bei der nachfolgenden Darstellung der Schutzmöglichkeiten bleibe ich bei den Worten der Engel. Der Text ist deshalb wiederum in Anführungszeichen und in einer anderen Schrift gesetzt.

Auraschutz-Visualisierung

»Des Weiteren werdet ihr jetzt erfahren, wie ihr euch sonst noch schützen könnt durch Visualisierung von und mit Gedankengut. Ihr redet so, während ihr euch nun das Folgende vorstellt: Stellt euch ein Lichtei um euch herum vor, in das ihr eingebettet seid, in dem ihr geschützt seid, ähnlich einem kleinen Küken, das noch von seiner Eihülle geschützt ist. Dieses Lichtei visualisiert ihr, stellt es euch vor, immer wieder ganz fest vorstellen. Anfangs gelingt es euch vielleicht weniger, später, durch das Üben im Visualisieren, wird es ganz schnell und fast automatisch ablaufen. Es ist wichtig, dass ihr das immer wieder tut. Täglich einmal am Morgen wäre am besten. Dieses Lichtei stellt euch als helles, strahlendes und glitzernd schönes Licht vor, das fast blendet, und dann lasst es geistig umrandet sein mit einer Linie von blauviolettem Licht. Ihr könnt das Gleiche mit einer Pyramide machen, wenn euch das besser liegt. Außerdem könnt ihr uns Engel bitten. Erzengel Michael ist, wie ihr vielleicht wisst, dafür zuständig.«

Auraschutz durch weißes Licht

»Ihr könnt den nächsten Schutz als Lichtschutz bezeichnen. Ebenso wie das Lichtei müsst ihr euch dies vorstellen durch Visualisieren. Das heißt, wenn euch jemand begegnet, der euch unangenehm ist oder ungute Schwingungen aussendet, Schwingungen, die ihr als unangenehm wahrnehmt, so stellt euch vor, wie sich eine weiße Lichtwand, eine Art weißer Lichtrollo, vor eurem Körper und zwischen euch und eurem Gegenüber bildet. Diese Visualisierung ist sehr gut, wenn es schnell gehen muss, weil jemand ganz plötzlich vor euch steht oder euch beschimpft usw. Ebenso schnell anwendbar ist die nächste Übung.«

35

Auraschutz durch visuellen Vorhang, Fensterläden oder Rollläden

»Diese Übung kann gut angewandt werden, wenn es sehr schnell gehen soll. Zumal es oft so ist, dass ihr an bestimmten Chakren verletzlicher seid als an anderen. Deshalb ist diese Übung vorteilhaft, wenn ihr z. B. nur am Solarplexus eine Schwachstelle habt und euch manches sofort sehr nahe geht und in eurem Magenbereich ein leicht flaues oder unbehagliches Gefühl erzeugt. Dann stellt euch speziell an dieser Stelle einen Lichtvorhang, einen Rollladen aus Licht vor, der sich nur über den Solarplexus wie ein kleines Fenster nach unten schließt oder sich wie ein Lichtfensterladen auf euren Solarplexus legt. Oder wenn ihr z. B. beim Halschakra merkt, es verletzt euch jemand und ihr habt hier eure Schwachstelle, dann macht hier im Halsbereich zu, indem ihr euch an dieser Stelle, wie eben erwähnt, Fensterläden oder Fensterrollos oder Vorhänge vorstellt, die sich schließen. An dieser Stelle möchten wir euch nicht verheimlichen, dass neben dem Schutz die Reinigung wichtig ist, um euer Energiefeld instand zu halten. Tut dies, indem ihr eure Aura immer wieder selber reinigt. Reinigung heißt, alles, was sich in eurem Energiefeld bereits eingenistet hat und nicht dazugehört, zu entfernen. Dieses Aufschnappen von unguten Energien usw. kann durchaus recht schnell geschehen, wenn ihr energetisch zu offen seid oder manchmal zu erschöpft. Hierzu wird es gut sein, das Aura-Spray (siehe unten) im Nachhinein noch anzuwenden und so das Energiefeld zu reinigen.«

Was kannst du also zur Aurareinigung tun?

Ein schönes warmes Bad nehmen mit Natriumbikarbonat, ca. 2 EL, und etwas Meersalz, ca. 1/2 Tasse voll.

»Das macht euch klarer, und ihr fühlt euch befreiter und leichter hinterher.«

Lauwarmes Duschen hilft ebenso, wenn du viel mit Menschen zu tun hast, ca. 5 Minuten lang. Den Kopf nicht vergessen, damit die Energien in der gesamten Aura gereinigt werden und abfließen können (Duschmütze aufsetzen möglich).

Eine andere Möglichkeit wäre, wenn es sehr schnell gehen soll, die Aura am Körper entlang mit den Händen auszustreifen, nach unten weg (ca. 5 bis 10 Zentimeter vom Körper weg). Oder mit der linken Hand den rechten Arm abstreifen und den ganzen Körper und umgekehrt, mit der rechten Hand die linke Körperseite. Falls du als Therapeut arbeitest, solltest du nach jeder Sitzung die Unterarme und Hände unbedingt unter fließendes Wasser halten und dadurch dein eigenes Energiefeld wieder reinigen.

Eine weitere Möglichkeit ist das Visualisieren einer Lichtdusche über dir, die dich geistig durchströmt und abbraust. Lass dabei die Fußsohlenchakren sich öffnen und stelle dir vor, wie sich dein Energiefeld reinigt. Visualisiere, dass du verbrauchte Energie an die Erde ableitest.

Die Cosmomediterra-Reinigungsessenz (Bezugsquelle am Ende des Buches) oder Obstessig oder Wacholderöl (je 5 bis 10 Tropfen) ins Badewasser geben, das hat sich ebenfalls sehr gut bewährt.

Bachblüten, Edelsteine und andere Essenzen zum Auraschutz: Espe, Walnuss, Schafgarbe weiß und rosa, Knoblauchessenz

Von Cosmomediterra-Essenzen zum Beispiel "Abgrenzung", "Schutz" (Bezugsquelle am Ende des Buches)

Von Aurasoma: weißer Pomander, Pomander Serapis Bay, dunkelroter Pomander

Heilsteine zum Auraschutz: Amethyst, Türkis, Chrysopras, schwarzer Turmalin (Schörl), Schungit

Falls du betest oder mit den Engeln bzw. der geistigen Welt arbeitest, kannst du vor allem deinen Schutzengel, Erzengel Michael sowie die Christuskraft und die Mutter-Maria-Energie zum Schutz anrufen.

Klassisches Aura-Spray für Schutz und Reinigung

Das "Praktische" an meiner Verbindung zur geistigen Welt? Sie geben mir auch Rezepturen durch. Und das meine ich im Ernst. Vor über 15 Jahren bekam ich eine Botschaft, dass wir in unserer Zeit neue Hilfsmittel benötigen, die direkt auf das "feine Kleid", also das Energiesystem der Menschen, wirken – klärend und ausgleichend. Über 300 sogenannte Essenzen oder Schwingungsmittel sind seither entstanden. Ich erzähle dazu ein wenig später mehr. Angefangen hat alles mit einem ersten Spray. Ein Spray für die Aura. Es hieß und heißt noch heute "Klassisches Aura-Spray für Schutz und Reinigung" und wurde mir damals übermittelt, um meine eigenen Räume nach jeder Einzelsitzung für Auratherapieklienten von unguten Energien zu reinigen und sauber zu halten. Gleichzeitig baten mich die Engel, dieses Spray an feinfühlige Patienten weiterzugeben, die in diesem feinstofflichen Sinne besonders "schutzbedürftig" sind und sich schwertun, sich den unangenehmen Frequenzen in ihrem Umfeld zu entziehen. Die Engel erläutern weiter:

»Versteht das richtig, dieses Spray wurde ursprünglich herge-stellt, um eben solchen sensiblen Menschen mit einem Schwin-gungsmittel zu helfen. Denn es unterstützt euch dabei, eure Energien zu zentrieren, zu stabilisieren und euch vor unliebsamen und unguten Angriffen von Energien von außen zu schützen. Des Weiteren stärkt und putzt es förmlich eure feinstofflichen Chakren und Aurafeldlinien. Wichtig für euch zu wissen ist, dass das Aura-Spray euch wirklich schützen und zentrieren kann, das heißt, es bringt euch trotz störender Einflüsse von außen, denen ihr in Zukunft immer mehr ausgesetzt sein werdet, in einen ge-schützten, ungestörten, stabilen Zustand.«

Mittlerweile haben die Unterschiede der Schwingungsfre-quenzen auf unserem Planeten und zwischen den Menschen so zugenommen, dass es für immer mehr Menschen überaus hilf-reich sein kann, ein gutes Aura-Spray einzusetzen. Besonders bewährt hat sich das Aura-Spray für Therapeuten, Helfer und Berater aller Art in ihren Praxen, für Menschen auf Reisen oder zu Hause für die einfache Klärung von Räumen. Auch in der aktuellen Krise ist es von großem Nutzen, da unser Immunsys-tem natürlich auch einen energetischen Aspekt hat. Dieses Spray beinhaltet verschiedene Öle wie Sandelholz und Weihrauch sowie vielfältige wirksame Blütenessenzen, Steinessenzen und andere, meditativ empfangene Energieschwingungen, die, har-monisch aufeinander abgestimmt, Menschen helfen können, das eigene Energiefeld zu reinigen, Ungutes an die Erde abzu-geben und dadurch zu transformieren. Für Mutter Erde ist es, so wurde mir gesagt, wie ein Dünger und es schadet ihr nicht. Jedoch nährt sie sich von unserem Dank, unserer Liebe und Achtsamkeit. Danken wir ihr also immer wieder für diesen Dienst!

Praxis: Wahrnehmungstraining und Wahrnehmungsverfeinerung

Sicher hast du über die Beschreibungen deiner energetischen Felder und Zentren bereits eine Ahnung davon bekommen, wie du dein Gespür und deine Sinne verfeinern kannst. Je verwirrender, belastender und "wahn-sinniger" (!) die Welt um uns herum wird, umso wichtiger ist es, dass wir unsere Wahrnehmung klar halten und beständig verfeinern. Ich möchte noch einmal darauf hinweisen, dass alle drei Dinge zusammenhängen: dein wachsendes Gespür für dein Energiesystem, deine Wahrnehmungsverfeinerung (Stärkung deiner Sinne) und der Zugang zu deinem inneren Kompass. Fragst du dich immer noch, weshalb dies wichtig ist? Nun, du wirst dadurch immer bewusster, immer klarer und immer autonomer. Mit der Zeit schenkt dir dieses Vertrauen in deine eigenen Wahrnehmungen eine spürbare Entspannung und wertvolle Sicherheit, so dass du dich einerseits dem Leben mehr hingeben und den Dingen ihren Lauf lassen, aber andererseits auch im rechten Moment klar unterscheiden, entscheiden und handeln kannst. So wirst du mehr und mehr Leichtigkeit, Gelassenheit, Selbstvertrauen, Selbstbestimmung und Zufriedenheit erleben. So gelingt es dir immer besser, Herausforderungen zu meistern und diesen Zustand zu halten, ganz gleich, was um dich herum geschieht. Gerade in Krisenzeiten kann dies den entscheidenden Unterschied ausmachen, wie wir durch die Turbulenzen hindurchgehen. Stabilität und Balance sind jetzt hohe Güter. Deshalb, so betonen die Engel, ist es im Leben sehr wichtig, dass wir unsere Sinne aktivieren und schulen, damit selbst in Zeiten von Unruhe, Ängsten und Kummer unsere innere Führung nicht vergessen wird, sondern uns zu großer Hilfe gereicht. Lass uns in einer ersten Meditation die inneren

Antennen trainieren. Hier geht es auch um die Entwicklung eines gesunden Bauchgefühls (der sogenannte 6. Sinn) und darum, wie sich dieser Anteil des inneren Kompasses bei dir persönlich zeigt. Es ist eine Vorstufe zur Intuition.

Meditation zur Wahrnehmungs- und Intuitionsverstärkung

Entspanne dich ein paar Atemzüge lang. Schließe deine Augen und atme immer tief ein und aus. Gehe mit deinem Atmen und mit deiner Bewusstheit zu den Fußsohlenchakren. Und lass in deiner Vorstellung Wurzeln wachsen, bis tief in die Erde hinein. Dann stell dir vor, dass sich dein Scheitelchakra öffnet und du von oben einen Lichtscheinwerfer wahrnimmst, der auf dich gerichtet wird. Lass dieses warme, goldene, weiche Licht der göttlichen Einheit in dich strömen. Nimm es auf, lass dich nähren, stärken und stabilisieren. Wie fühlt sich dein Körper jetzt an? Wenn es noch eine Stelle gibt, die etwas mehr Zuwendung möchte oder »zwickt«, dann lass dort das goldene Licht länger verweilen.

Dann gehe mit deinem Bewusstsein zu deinem Bauch, zu deinem 2. Chakra, und stelle dir vor, dass warmes orangefarbenes Licht auf deinen Bauch strahlt und ihn nährt, beruhigt und mit angenehmer Energie auflädt. Alle Organe, der ganze Bauchraum wird wohlig und du bist nun mit jedem Ein- und Ausatmen völlig entspannt. Wie fühlt sich das an? Kannst du die Farbe deutlich wahrnehmen? Bekommst du Bilder für dieses angenehme Bauchgefühl? Halte deine Augen weiter geschlossen und achte darauf, was dir zu folgenden inneren Fragen in den Sinn kommt. Was kommt dir jetzt als Erstes in den Sinn, auch wenn es dir vielleicht »unsinnig« erscheinen mag? Sobald eine

Wahrnehmung auftaucht, lasse sie deutlicher werden. Male sie dir in allen Details aus:

- eine Blume

- eine Farbe

- eine Form

- eine Freude

- eine Musik

- ein Getränk

- eine Speise

- ein Stoff

- eine Qualität

- eine persönliche Eigenschaft

- ein Problem

- ein Bild

- eine Lieblingsbeschäftigung

- ein Lieblingsmensch

- ein Duft

Dann gehe mit deiner Aufmerksamkeit langsam, aber sicher wieder zu deinem Körperbewusstsein zurück. Dehne und strecke dich und komm dann mit jedem Ein- und Ausatmen wieder im Hier und Jetzt in deinem Zimmer an.

Ein kleiner Hinweis: Mit dieser Meditation kannst du auch feststellen, ob du zum Beispiel eher ein visueller Typ bist (Wahrnehmen innerer Bilder), ein akustischer (inneres Hören), ein gustatorischer (riechen und schmecken, was eher selten ist) oder ein kinästhetischer (spüren). Dies ist außerdem ein Hinweis für dich, in welchem Sinnesbereich deine übersinnlichen Wahrnehmungen liegen könnten.

Diese oder ähnliche Meditationen und Reisen in dein Inneres oder in deine Fantasie können dir helfen, zunächst einmal dich selbst immer feiner wahrzunehmen. Dazu gehört ein verbessertes Körpergefühl, aber genauso ein Gespür für deine Vitalität, deine Aura und deine Gefühle. Allmählich wirst du außerdem deutlicher die Energien unterscheiden können, die dich umgeben. Deine Antennen werden feiner. Es ist ebenfalls sehr hilfreich, immer mehr deine eigenen Gedanken zu beobachten und eine klare Wahrnehmung von deinem Ich als Wesenskern und Mittelpunkt zu bekommen (im Unterschied zum Ego). Mit der Zeit werden deine Sinne feiner und feiner. Sinne ist natürlich das Stichwort. Denn mit diesem neuen Gewahrsein für dich selbst in all deinen Schichten und Aspekten kannst du dich auch mit der Verfeinerung der äußeren Sinne und damit mit der Wahrnehmung der Welt beschäftigen. Machen wir uns auf den Weg!

Kapitel 2

Sinne schärfen macht Sinn

Von den Sinnen zum inneren Kompass

Nachdem wir im ersten Kapitel das wunderbare Gefüge des "energetischen Menschen" betrachtet haben, wird dir vermutlich klar, wie fein alles gewoben und miteinander verbunden ist. Die Chakren haben wir als besondere Schaltstellen kennengelernt, die Energien aufnehmen, abgeben und verteilen. Mit diesen Chakren sind – und das ist das Großartigste – auch unsere Sinneswahrnehmungen verbunden. Das ist der Grund, weshalb klare, geschärfte oder verfeinerte Sinne helfen, den energetischen Menschen, also dich (!) mit all deinen Aspekten, gesund und in Balance zu halten. Darüber hinaus sind die Sinne ein ganz genialer und praktischer Kompass für dein Leben. Lass uns jetzt näher beleuchten, welche Rolle die Sinne im ganzen Energiesystem des Menschen spielen und was sie mit deiner Aura zu tun haben.

Jedem sichtigen Menschen ist sofort klar: Die Sinne des Menschen und die Energiezentren sind eng miteinander verbunden.

Das kann man auf feineren Ebenen sehen. Aber das kann auch jeder spüren und verstehen lernen! Dabei ist nicht nur ein Sinn einem Chakra zugeordnet. Es bestehen mannigfaltige Wechselwirkungen im Gesamtkunstwerk Mensch: Zum Beispiel ist der Haut- und Tastsinn mit dem Wurzelchakra sowie dem Sakralchakra (das nicht umsonst auch Beziehungschakra heißt) und mit dem Herzchakra verbunden. Zudem steht der Tastsinn in Wechselwirkung mit dem Vitalkörper der Aura. Habe ich einen guten Kontakt zur Erde, eine gute "Bodenhaftung"? Kann ich Lebenskraft gut aufnehmen? Kann ich gut zu anderen in Beziehung treten? Vertrage ich Nähe? Kann ich das Leben "ergreifen" und lasse ich mich vom Leben "berühren"? Wenn ich all das gut kann, wird auch mein Wurzelchakra kräftig und harmonisch sein. Folgende Themen haben sowohl mit dem Tastsinn als auch mit den beiden unteren Chakren zu tun: Existenzthemen, sich und andere spüren, körperliche Berührung, Zärtlichkeit, Nähe und Distanz, mit den Händen spüren und wirken können, Wärme und Kälte empfinden, sich körperlich entspannen können, sich wohlfühlen.

In ähnlicher Weise hängen das Schmecken und Riechen mit dem Wurzelchakra und dem Sakralchakra und sogar mit dem Herzchakra zusammen – und damit verbunden auch mit der Freude und Lust am Essen und anderen Trieben, mehr oder weniger verfeinerten. Diese freudvollen Instinkte haben somit auch einen Zusammenhang zum Emotionalkörper. Bestimmt kennst du die Situation, dass du einen bestimmten Duft in der Nase hast, der dich an die Kindheit oder schöne Momente erinnert. Oder es gibt eine Speise, vielleicht einen Kartoffelbrei, der wie früher bei Mama schmeckt. Automatisch taucht in deinem Gefühlsbereich diese Assoziation auf und du fühlst dich wohl. Ich sehe mit offenen Augen und empfinde etwas beim Betrachten, ich fühle etwas, ich erkenne! Diese Themen gehören dazu: "Das Leben schmeckt mir", "Ich werde versorgt", aufhellende Gefühle durch Dufterinnerung, Einfühlsamkeit.

Der Gehörsinn wiederum ist mit dem Halschakra verbunden und gleichzeitig mit dem Mentalfeld, also der Gedankenwelt in der Aura. Du kannst dabei diesen Themen nachgehen: Ich kann nach außen hören oder auf die innere Stimme hören. Ich höre zu und drücke mich selbst aus, innere Wahrheit, Resonanz und "Stimmigkeit".

Das Stirnchakra nimmt eine Sonderstellung im Zusammenspiel mit den Sinnen ein. Die Engel sagen mir dazu:

»Am wichtigsten ist zu verstehen, wenn alle diese bisher aufgezählten Sinne nicht mehr gut trainiert bzw. klar und geschärft sind, kommt es zu einer falschen Wahrnehmung oder zu gar keiner Wahrnehmung im Stirnchakra! Das Stirnchakra ist zuständig dafür, dass ihr Menschen zu innerer Erkenntnis gelangt, zu ›Ein-Sicht‹, damit ihr diese tieferen Wahrnehmungen auch verstehen könnt. Das Stirnchakra ist sozusagen das Zentrum deines Orientierungssinns, um deine eigene innere Wahrheit zu hören, zu deuten und danach handeln zu können, ohne Beeinflussung von außen. Wenn nun die anderen Sinne durch falsche Ernährung, ungute Lebensführung usw. nicht gesund gelebt werden, kann deine innere Stimme, deine innere Wahrheit nicht wirklich entfaltet werden.«

Könnte ein solcher "eingebauter" Orientierungssinn, ein solcher Kompass nützlich sein für dich? Ist es nicht so, dass das Leben für viele von uns immer komplexer und verwirrender wird? Mit immer mehr Möglichkeiten und Angeboten, aber auch immer mehr Ansprüchen und Anforderungen? Und dabei ist es noch extrem schnelllebig. Wir wollen alles schaffen, alles erleben, nichts versäumen. Schließlich leben wir in einer Zeit, in der viele Veränderungen stattfinden. Durch all diese Umstände ist der einzelne Mensch gefordert zu selektieren, was für ihn persönlich gut ist oder nicht so gut. Einerseits möchte das Leben stets, dass wir uns einlassen auf das Neue, das uns begegnet. Und andererseits gilt es, genau auszuwählen, was ich wirklich brauche in meinem Leben. Wer das nicht tut, wird sich sehr schnell in einem zu vollen System wiederfinden. Die Zeit scheint uns davonzulaufen für all die 1000 Dinge, die wir in unserem Alltag unterbringen wollen. Unser Kopf ist überfordert mit all den Informationen, Eindrücken und Einflüssen. Ebenso unser Herz und unser Körper. Mit dem, was wir bisher gesehen haben, wird deutlich, dass durch dieses beständige Übermaß, durch den "falschen Input" und die oft unterschwellige Verwirrung – denken wir an die Monate der weltweiten Pandemiekrise – unsere Gesundheit leiden kann, ja leiden muss.

Viele erkennen heute schon, dass weniger mehr ist. Wollen aus der Überforderung aussteigen. "Detox"-Kuren auf vielen Ebenen sind gerade in. Doch auch hier gibt es wieder viele, sich teilweise wiedersprechende Angebote. WIE weiß ich also, was für mich gut ist? Wie erkenne ich, was ich brauche und was für mein persönliches gesundes Menschsein gut ist? Was steht im Einklang mit dem Leben und mit meinem Sein – und was nicht? Welch Glück, dass wir einen inneren Kompass in uns tragen! Und wichtige Kompassnadeln sozusagen sind dabei unsere Sinne. Sie sagen uns, was für uns persönlich förderlich ist und was uns schwächt. Hast du Lust auf die spannende Reise zu den Sinnesfähigkeiten? Bevor wir tiefer gehen, möchte ich dir die Worte aus der geistigen Welt mit auf den Weg geben:

»Es ist Zeit, dass die Menschen lernen, für sich Verantwortung zu übernehmen und nicht alles zu tun, was ihnen gesagt wird, sondern reflektieren, was sie brauchen und was wirklich gut für ihren Körper, ihren Geist und ihre Seele ist. Die Verantwortung für ein gesundes eigenes Leben beginnt bei einer guten Wahrnehmung und damit, sich seiner selbst gewahr zu sein. Stress zum Beispiel tötet ein gesundes Gewahrsein für sich selbst. Daher ist es so wichtig, dass ihr dafür sorgt, dass ihr eure eigenen Sinne intakt habt. Nur dadurch habt ihr ein gesundes Sinnessystem und könnt auch darauf vertrauen, was euer innerer Kompass sagt und somit was für euch richtig ist! Die meisten Menschen unter euch haben noch nicht ganz verlernt, aus einer inneren Weisheit und Wahrheit heraus zu handeln. Erkennt, was möglich wird, wenn ihr aus eurem ureigenen Denken, Fühlen und Glauben heraus Realität erschafft. Vertraut euren inneren Impulsen. Schult dazu eure feinen Antennen, eure Sinne. Lernt, darauf zu achten, was ihr hört, wenn ihr zuhört, und was ihr ›zwischen den Zeilen‹ der Worte eures Gegenübers wahrnehmt. Denn viele Menschen fühlen etwas anderes als das, was ausgesprochen wird, und dadurch kommen Missverständnisse auf. Oft würden Menschen gerne sagen, wie es ihnen geht, haben aber Sorge, dass es entweder zu viel sein könnte oder keiner zuhört und es niemanden interessiert. Daher machen sie weiter gute Miene zum bösen Spiel. Sie verstellen und verbiegen sich. Lernt also, dem anderen wirklich zuzuhören. Lernt jedoch ebenso, euch erst einmal selbst ›zuzuhören‹. Wichtig ist, dass jeder Einzelne von euch wieder mehr auf die innere Stimme, sowohl auf das Bauchgefühl als auch auf die Intuition, hört und danach handelt! Deshalb bitten wir euch, beschäftigt euch mit der Arbeit am inneren Kind und mit Themen wie Bedürfniserkennung und -verdrängung. Lernt, auf gesunde Weise bei euch zu bleiben, Mitgefühl zu empfinden, ein Recht auf Würde und Anerkennung zu erspüren und ähnliche Dinge. Auch legen wir euch das Training der eigenen Wahrnehmungsfähigkeit ans Herz, wobei die Sinne eine wesentliche Rolle spielen. Sich seiner selbst gewahr zu sein, klar und ›bei Sinnen‹ zu sein ist so wichtig, um sich zu orientieren und sich nicht zu verlieren im Beisammensein mit anderen Menschen und in den Turbulenzen eurer Zeit.«

Dem Geheimnis unserer Sinne auf der Spur

Die Engel sagen: »Der Mensch verfügt zumindest über sechs Sinne und ›funktioniert‹ mit ihnen.« Der 7. Sinn, die "übersinnliche" Wahrnehmung also, muss besonders trainiert und erweckt werden, was jedoch erst möglich ist, sobald die übrigen Wahrnehmungskanäle geläutert und verfeinert sind. Vielleicht magst du dir klarmachen, dass deine Sinne deine wichtigsten Instrumente sind, wie du etwas empfindest und dich im Leben orientierst. Über die Sinne erfährst du dich, erlebst du dich und trittst du mit der Welt in Verbindung. Alles, was du über deine Sinne erlebst, speichert sich, wie wir gesehen haben, in deinem Energiefeld ab. Sind die Sinne gesund und (einigermaßen) klar, zeigen sie dir sozusagen an, welche Reize deinem Gesamtsystem auf energetischer Ebene zuträglich sind und welche eher zu einem Ungleichgewicht führen. Sind die Sinne hingegen abgestumpft oder vernebelt, können Menschen nicht mehr wahrnehmen, was richtig oder falsch für sie ist. Das heißt, dass sie für sich Harmonie und eine gesunde innere Ordnung nicht mehr richtig empfinden können. Daher ist es so wichtig, die Sinne zu stärken, zu schärfen, zu verfeinern. Nur dadurch gelangst du zu mehr Klarheit, Wahrheit und Harmonie in deinen Empfindungen und nur so hat dein Denken eine unverfälschte Wahrnehmungsgrundlage. Du wirst somit freier und unabhängiger und hast eine starke innere Orientierung. Nur so trägst du wirklich einen inneren Kompass in dir. Bedenke auch, dass die sogenannten "übersinnlichen Wahrnehmungen", die wir auch als den 7. Sinn bezeichnen, immer auch auf den physischen Sinnen aufbauen. Sind bereits die physischen Sinneswahrnehmungen (nicht unbedingt das Organ!) irritiert, so tun wir uns schwerer, in Bereiche der feinsinnigen Wahrnehmung und Intuition zu gelangen. Wenn wir dies berücksichtigen, bekommen wir vielleicht eine

51

neue Hochachtung und Wertschätzung für unsere Sinne und können uns diesen nun einem nach dem anderen zuwenden. Es gibt zunächst die für die meisten Menschen bekannten folgenden fünf Sinne: den Geschmackssinn, den Geruchssinn, den Tastsinn, den Sehsinn und den Gehörsinn. Den 6. und 7. Sinn betrachten wir im Anschluss. Wir wollen uns nun zunächst mit den Hauptsinnen des Menschen beschäftigen und mit ihren faszinierenden Facetten.

Geschmackssinn

Nehmen wir den Geschmackssinn. Wer es schon einmal erlebt hat, nach einer Woche (Heilfasten) ohne Essen zum ersten Mal wieder feste Nahrung zu sich zu nehmen, weiß, welch intensives Geruchs- und Geschmackserlebnis man hat. Die Geschmacksknospen können die Lebensmittel nun wieder in allen Aromafeinheiten aufnehmen. Gerade dann sind wir wieder in der Lage, gute, ursprüngliche Lebensmittel von hochgezüchtet oder künstlich verfremdeten zu unterscheiden. Der Geschmackssinn wird so zu einer Kompassnadel. In ähnlicher Weise können all unsere Sinne wieder geklärt, geschärft und neu "geeicht" werden, damit wir ihre ursprüngliche Bandbreite an Eindrücken voll auskosten und Harmonie im Inneren empfinden können.

Im Volksmund sagt man: "Das schmeckt mir nicht, dass die Situation so oder so ist. Das kann ich nicht verdauen. Mein Bauch sagt mir etwas anderes." Vielleicht kennst du den Ausdruck "dieser Mensch hat einen guten Geschmack", wobei sich diese Aussage nicht auf den physischen Geschmacksinn bezieht. Du bekommt eine Ahnung davon, dass "der gute Geschmack" auch mit unserem Sinnessystem zu tun hat. Ebenso ist die Fähigkeit zu genießen damit verbunden. In der Sprache drückt sich bereits unsere unbewusste Weisheit aus. Im Fall des Geschmackssinns wird dir vielleicht deutlich, dass es für dein gesamtes (energetisches) Menschsein wichtig ist, was du isst. Frage dich immer neu: Was braucht mein Körper an wohltuenden, gesunden Stoffen – und Energien (!) –, um die natürlichen Geschmacksnerven zu aktivieren, um das Essen zu Nahrung für Körper und Seele werden zu lassen und um mein Energieniveau zu erhöhen? Wir können der Spur unserer Sprache noch weiter auf dem Weg durch die Verdauung folgen. Dann sehen wir, dass auch Gefühle Nahrung sind, im guten und im nicht so guten Sinn. Wir sagen beispielsweise: "Das liegt mir im Magen. Mir ist etwas über die Leber gelaufen. Und: Ich habe Schiss vor etwas oder kann etwas nicht loslassen."

Gehörsinn

Lauschen wir doch einmal, was uns unsere Sprache zu einem anderen Sinn verrät, nämlich dem Gehör: "Auf dem Ohr bin ich taub." Oder: "Das geht hier rein und da raus!" Das hat die Bedeutung, dass man etwas gar nicht zur Kenntnis nehmen möchte. "Hör auf!" Oder: "Ich kann das nicht mehr hören!" – Solche Aussprüche deuten darauf hin, dass mehr in unsere Ohren eindringt als nur Schallwellen und dass das, was da eindringt, einen Einfluss auf unser Gesamtsystem haben kann. Die Ohren sind also wieder feine Seismographen weit über das reine Hören hinaus. Darum solltest du sie ebenfalls achtsam behandeln und in unserer Zeit der akustischen Reizüberflutung immer wieder schonen. Wenn du zum Beispiel immerwährend zu laut Musik hörst, stumpft dein Gehörsinn ebenso ab wie dein Gespür für gesunde Abgrenzung sowie für feine Zwischentöne in der Kommunikation. So kommt es, dass immer mehr Menschen nicht nur physikalisch schlechter hören, sondern auch leicht das überhören, was zwischen den Zeilen gesagt wird. Und schließlich hängt unsere innere Stimme, dieser Kern unseres Kompasses, ganz zentral mit dem Gehör zusammen. Hinter dem Nach-innen-Lauschen steht aber nicht nur, dass ich für einen kurzen Moment nach innen höre, sondern auch die Erkenntnis: Wenn ich die Stille suche, erfahre ich eine Stärkung aller Sinne und gleichzeitig wird mein 6. Sinn wacher. Wie schön und bedeutsam doch die Erkenntnisse hinter den Sinnen sind! Findest du nicht? Durch das Stillwerden entstehen neue Inspirationen. Manche erleben das ein erstes Mal in einem Schweigeseminar in einem Kloster. Vielleicht "spricht" dich das an. Hier kommst du wieder bei dir an. In der Stille verlagert sich das Hören nach innen und lässt innere Weisheit in dir aufsteigen. Aber auch die Welt kann sich auf ganz neue Weise in dir "aussprechen".

Geruchssinn

Nehmen wir nun die (Geruchs-)Spur auf zu den Geheimnissen unseres Riechens. Auch hierin liegt Kompassqualität, wenn wir beispielsweise sagen: "Immer der Nase nach." Oder: "Eine gute Nase für etwas haben." Besonders wichtig für unsere zwischenmenschliche Verständigung ist, ob wir einen Menschen "riechen" können. Unseren Spürsinn drücken wir auch aus, wenn wir ausrufen: "Das stinkt bis zum Himmel!" Der "gute Riecher" ist also wiederum mehr als eine feine Nase. Er ist wiederum eine Orientierungshilfe für uns. Du kannst dich beispielsweise fragen: Wo stecke ich meine Nase hinein? Was geht dich etwas an und wo geht's für dich lang? Die meisten Menschen stellen fest, dass, wenn sie keinen Geruchsinn haben, sie sich wie ohne Wegweiser fühlen. Manche haben das beim Tragen eines Mund-

und Nasenschutzes festgestellt. Besonders das instinktive und, mit entsprechendem Training, auch intuitive Gespür, hängt mit dem Sinnesorgan Nase zusammen. Wenn wir den energetischen Menschen betrachten, sehen wir, dass die Nase stark mit dem Stirnchakra und somit mit dem 6. Sinn verbunden ist. Deshalb ist es wichtig, dass die Menschen nicht durch das beständige Einatmen künstlicher Düfte ihr gesundes Geruchssystem zerstören und damit einhergehend nicht mehr riechen, was ihnen ihre Nase sagen will. Wenn du dich hingegen auf deine Nase verlassen kannst, wird dir zugleich der Zugang zu deinem instinktiven und schließlich auch intuitiven Wissen leichter fallen. Es ist eine wunderbare Hilfe, wenn du auf diese Weise innere Antworten bekommst darüber, was du tun oder lassen sollst.

Haut- und Tastsinn

Tasten wir uns nun an den Tastsinn heran ... Der Volksmund verrät einiges in Aussagen wie "Lass die Finger davon!", "Sich die Finger verbrennen", "Das geht mir nah", "Das lässt mich kalt", "Da wird mir warm ums Herz", "Es läuft mir eiskalt den Rücken hinunter", "Mir stehen die Haare zu Berge", "Dabei stellt es mir die Haare auf oder schaudert mich." Diese große Gefühlspalette drücken wir in Bildern aus, die mit unserem Tastsinn in Verbindung stehen, wozu wir gemeinhin auch die Wärme- und Kälteempfindung rechnen. Das Tasten geht in den abstrakten Bereich über, wenn wir sagen: "Es ist nicht zu fassen." Oder: "Es ist mir unbegreiflich!" Bemerkenswert, dass das Tasten damit nahe an das Denken (Begreifen) rückt, also an unser Verständnis und unsere Erkenntnisfähigkeit. Mit dem Tastsinn geht es außerdem um Berührung und damit letztlich um Beziehung. Deshalb ist dieser Sinn, du ahnst es bereits, ebenfalls sehr wesentlich für unsere zwischenmenschliche Interaktion, unsere Weltorientierung und sogar Welterkenntnis. Ohne Berührung ist kein Mensch lebensfähig. Es ist also ein Grundbedürfnis der Menschen, sich zu berühren und berührt zu werden. Kleine Babys brauchen die Berührung der Mutter, um sich zu entwickeln, Wärme und Liebe zu erfahren. Berührung öffnet Herzen oder lässt bei unangenehmen Erfahrungen den Wunsch nach Rückzug und Abwehr aufkommen. Wir haben einen natürlichen Instinkt, sehr schnell über körperliche Berührung zu erkennen, was wir persönlich als angenehm empfinden, welchen (Haut-)Kontakt wir brauchen und was uns nicht guttut. Unser Sinnesorgan Haut reagiert unter Umständen mit Ausschlag auf unguten oder zu viel Kontakt (bzw. zu wenig Abgrenzung) oder mit einem Wohlgefühl. Wenn unser Sinn gesund ist, spüren wir, was uns unter die Haut geht und was uns auch innerlich berührt.

Sehsinn

Blicken wir auf den Sehsinn, so verrät unsere Sprache bereits wiederum so einiges: "Ich sehe schwarz." Oder: "Das ist kurzsichtig gedacht." Oder auch: "Hier benötigen wir Weitblick." Und: "Hast du noch den Durchblick?" Und mit dem Sehen ist noch tieferes Erkennen verbunden: die Einsicht. Ganz deutlich stehen unsere physischen Augen mit dem in allen alten Kulturen bekannten "Dritten Auge" oder "inneren Auge" in Zusammenhang. Dieser innere Sinn ist mit dem Stirnchakra verbunden. Betrachten wir das Auge genauer und anatomisch, so können wir im Auge sogar Krankheiten in den Organen ablesen durch die sogenannte Irisdiagnose. Die Augen sind als der Spiegel zur Seele bekannt. Vielerlei Seelenregungen können wir einem Menschen in den Augen ablesen. Es gibt Menschen, denen kann man in die Augen schauen – und anderen nicht. Und was erkennen wir beim Anschauen, Betrachten und im gesamten Erfassen eines anderen Menschen? Das ist doch viel mehr als nur die äußere Erscheinung. Noch mehr erkennen die Menschen, die die Aura sehen, in der Aura lesen können. Je mehr du deinen Sehsinn verfeinerst, desto eher nimmst du über das bloße Auge hinaus wahr.

6. und 7. Sinn

Unsere Sprache kennt sogar die höheren Sinne, nämlich den 6. und 7. Sinn. Wir sagen: "Sie hat wirklich den 6. oder 7. Sinn." Dieser höhere 6. Sinn ist zunächst die innere Stimme, die uns sicher und weise durchs Leben lotst, uns sagt, was für uns "sinnvoll" ist. Der 7. Sinn schließlich macht es möglich, hinter die Dinge oder in die Tiefe bzw. weiter zu sehen. Wir sprechen dann von Weitsicht, Einsicht und (Hell-)Sichtigkeit eines Menschen oder von Medialität. Diese Art der übersinnlichen Wahrnehmung und Erkenntnisfähigkeit liegt sprachlich also nahe beim Hören und Sehen.

Du siehst, es geht bei der "Besinnung" um viel mehr als "nur" ums Sehen, Hören, Riechen, Schmecken, Tasten. Es geht um die wesentlichen Fähigkeiten und Qualitäten des gesamten Menschen. Es geht ums Ganze. Deshalb ist dieses Wissen um die Sinne und ihr Zusammenspiel mit all unseren Energiefeldern und Potenzialen so zentral und hilfreich. Du kannst hier ganz wesentliche Weichen für deine Gesundheit, deine Selbstbestimmung und deine Weiterentwicklung stellen. Der Anfang besteht darin, deine Gewohnheiten im "Konsumieren" von Sinneseindrücken zu beobachten.

Denn je mehr du deine physischen Sinne überstrapazierst, über-
forderst, dumpf machst, mit Unechtem "fütterst", umso weniger
nimmt du eigentlich wahr, desto weniger spürst du vor allem
dich selbst. Es besteht die Gefahr, abzustumpfen, sich von dem
natürlichen Gespür, dem Fühl- und Mitfühlvermögen sowie dem
klaren Denken zu entfremden.

Hast du nun Lust herauszufinden, wo du konkret ansetzen
und gegensteuern kannst? Willst du wissen, wie du wieder gesünder leben und deine Sinne sozusagen "gesünder füttern"
kannst? Dann komm mit auf den Weg zu deinem Sinneskompass.
Er bringt dich zurück zu Harmonie auf allen Ebenen.

Neube-sinnung

Wie erkennst du nun, was deine Sinne, die du bisher vielleicht etwas unterschätzt hast, im Alltag stärkt und was sie schwächt? Der erste Schritt ist sicherlich, sich bewusst zu werden, dass es nicht selbstverständlich ist, dass diese Sinne, die unser Menschsein oder gar Menschlichsein ausmachen, immer gut funktionieren. "Alle Sinne beieinander haben" bedeutet im Volksmund, mit allen Sinnen reagieren zu können. Dahinter steckt im Weiteren, dass wir nur im Zusammenspiel von klaren Sinnen, klarem Energiefeld und klarem Denken auch geistig und seelisch gesund sind und die Voraussetzung legen, um uns auf Wesentliches zu "be-sinnen" sowie zu Selbstbestimmung und Freiheit gelangen zu können. Das bedeutet im Gegenzug, dass in unserer schnelllebigen, reizintensiven Zeit die meiste Beeinflussung und Manipulation über die Sinne geschieht. Manchmal können uns solche Einflüsse regelrecht "fremdsteuern", denke nur an die bewusst eingesetzten Bilder in der Werbung, an Raumsprays und Musik in Kaufhäusern. Täglich erleben wir außerdem große Angriffe auf unseren Geschmackssinn. Es beginnt mit all den Zusatzstoffen, Farb- und Konservierungsmitteln über Rückstände von Pflanzenschutz- und Düngemitteln in der Nahrung und geht bis zu genetisch veränderten Stoffen und Lebensmitteln, die dann schwerlich noch als Mittel zum Leben bezeichnet werden können. Hinzu kommt, dass in vielen Haushalten ein Mikrowellengerät steht und oft genutzt wird, ohne Bewusstheit der Menschen dafür, dass sie so ihre Lebensmittel völlig abtöten. Unserem Geruchssinn ergeht es nicht besser: Künstliche Aromen und Duftstoffe haben in vielen Fällen die natürlichen Inhaltsstoffe fast gänzlich verdrängt. In der Kosmetik, Parfümerie und Körperpflege genauso wie bei Reinigungsmitteln und wiederum immer mehr bei Lebensmitteln. Aber auch als Raumsprays, in Wand- und

59

Holzfarben oder Lasuren und in vielen anderen Materialen begegnen uns chemisch fragliche, "naturidentische" oder gänzlich künstliche Aromen und vor allem künstlich riechende Duftstoffe. Darüber hinaus gibt es sicher noch eine Reihe anderer unangenehmer Gerüche, inklusive der fast überall auftretenden Luftverschmutzung, der wir uns aussetzen. Doch gerade die Palette künstlicher Duftstoffe in der Kosmetik ist bedenklich, da sie uns ja als wohlriechend verkauft werden. Und unsere Nase kann sich noch weniger wehren als unser Gaumen. Ist es nicht besorgniserregend, wenn heute viele Menschen – nach dieser falschen "Duftkonditionierung" – gar nicht mehr zwischen natürlichen und künstlichen Aromen (beispielweise von Früchten) unterscheiden können?

Eindeutig überfordert wird in unserem sehr optischen Zeitalter auch der Sehsinn. Eine ständige Flut an Bildern flimmert bei vielen fast rund um die Uhr auf diversen Bildschirmen, vom Fernseher über das Smartphone bis zum Computer. Schnell geschnittene Videoclips, Diskolichter, Leuchtreklamen, Flutlichter ... setzen nicht nur extrem stressige Reize für unser Wunderwerk Auge, sie führen auch zu etwas, was inzwischen als "Lichtverschmutzung" bezeichnet wird. Wo können wir heute überhaupt noch eine dunkle Nacht erleben oder das zarte Licht des Sternenhimmels bewundern? Und wie schauen wir? Doch hauptsächlich extrem "kurzsichtig" mit starrem Blick auf Buch oder Screen, oft ohne zu blinzeln. Und nur wenige machen ausgleichende Augenübungen oder denken darüber nach, was sie ihren Augen Gutes tun könnten.

Immerhin könntest du die Augen zumindest schließen. Bei den Ohren hingegen funktioniert das nicht. Und wir leben sicherlich in keiner leisen Gesellschaft. Es dröhnt eben nicht nur über die audio-visuellen Medien (zu Hause, im Auto, unterwegs), wir haben auch Berieselung in Kaufhäusern und beschallen uns in unserer Freizeit. Nehmen wir dabei eigentlich wahr, was wir unseren Ohren dabei alles zumuten? Ist alles, was Musik heißt, wirklich ohrenfreundlich, harmonisch? Schwerhörigkeit nimmt zu. Das Zuhören wird zu einer raren Kunst, und die bewusst gesuchte Stille scheint ein Luxus, den wir uns nicht gönnen.

Vielleicht meinst du, dass immerhin unser Tastsinn nicht so arg beeinträchtigt ist? Doch ist es nicht so, dass wir in einer immer berührungsloseren Gesellschaft leben – und das nicht erst seit Corona? Es gibt seit Jahren schon immer mehr Singles und auch vor allem alte Menschen, die alleine leben und nicht in körperlichen Kontakt gehen oder isoliert sind. Wir könnten auch sagen, dass die motorischen Fähigkeiten zum Tastsinn gehören. Und wir wissen, dass in einer Zeit, in der bereits die Kinder hauptsächlich auf diversen Bildschirmen "touchen" und "wischen", die Hände nur noch sehr einseitig verwendet werden. Die Feinmotorik geht verloren und damit so manche Vernetzung im Gehirn, wie manche Wissenschaftler besorgt aufzeigen.

Dennoch sind Defizite und Überforderungen im Bereich der Sinne oft noch unbeachtet im medizinischen Bereich. Noch weniger im allgemeinen Bewusstsein ist die Schlussfolgerung, dass bei einer Veränderung der Sinne durch zu viel Künstliches, durch Überbelastung und Dumpfmachen eine Störung entsteht, die die natürliche Orientierung, Instinktwahrnehmung und innere Stimme eines Menschen stark beeinträchtigt. Wir leben freilich in einer Zeit, wo Instinkt und Intuition generell wenig Beachtung geschenkt wird. Immerhin räumen die meisten ein, dass es in bestimmten Bereichen enorm wichtig ist, sich auf das eigene Gespür zu verlassen, vor allem wenn schnell agiert oder reagiert bzw. spontan aus dem Bauch heraus gehandelt werden muss. In solchen Fällen reichen angelerntes Wissen und Intellekt allein nicht aus, und eine verstandesmäßige Analyse würde zu lange dauern. Kann es aber nun sein, dass dieses Gespür und die daraus zu entwickelnde Intuition in noch vielen weiteren Lebensbereichen ein nützliches Instrument, eben ein Kompass, wären? Beispielsweise bei wichtigen Entscheidungen im Berufsleben, im Umgang mit Menschen (Menschenkenntnis), bei Lebensentscheidungen und zur Orientierung in der Flut an Nachrichten in unserem Informationszeitalter? Wer das bejaht und gleichzeitig gesehen hat, wie die intuitive Fähigkeit mit den Sinnen zusammenhängt, der wird sich künftig vielleicht doch ein bisschen mehr um das Wohl seiner Sinne kümmern. Darin liegt Eigenverantwortung. Hören wir einmal, was uns die geistige Welt abschließend dazu sagt. Es ist eine Einladung an dich zu neuen Gewohnheiten:

»Viele fragen: Was können wir unseren Sinnen konkret Gutes tun? Wir antworten mit Gegenfragen: Achtest du darauf, dass deine Sinne zur Ruhe kommen, dass du wirklich ›abschaltest‹? Nimmst du Dinge in deinem Alltag bewusst wahr? Wenn du schaust, siehst du dann wirklich? Wenn du hörst, lauscht du dann und hörst du anderen wirklich zu – und merkst du, wann du lieber in die Stille gehen möchtest? Erkennst du noch, wenn du zum Beispiel einen künstlichen Duft einatmest? Und falls du einen solchen Geruch als unangenehm erlebst, bist du dann konsequent genug, ihn nicht mehr zu verwenden, oder belässt du es aus Gewohnheit dabei, obwohl es dich stört? Auch wenn etwas zum Beispiel zu laut ist in deinem Umfeld oder etwas repariert werden sollte, das dich immer wieder nervt, wie zum Beispiel eine quietschende Tür, ein klappriges Fahrrad oder Ähnliches, achtest du auf deine Sinne, um es wieder funktionstüchtig zu machen, ohne störende Nebengeräusche? Oder hast du beim Einkaufen von Lebensmitteln den Impuls, etwas eigentlich lieber im Regal liegen zu lassen, weil es dir nicht wirklich frisch oder gesund genug aussieht – aber du nimmst es trotzdem mit? Weil du vielleicht nicht noch den Weg bis zum nächsten Bioladen gehen möchtest, sondern Nahrungsmittel jetzt essen willst oder für ein Rezept brauchst?

Denke darüber nach, was dir wirklich guttut im Alltag und wo du aus Gewohnheit oder Bequemlichkeit jedoch nicht danach handelst. Verändere jetzt diese Dinge, die dir und deinen Sinnen Stress bereiten, die dich nicht nähren oder bei denen du bemerkst, dass sie dich vielleicht schon länger ›nerven‹, wie ein bestimmter Lärm, den du durchaus vermeiden kannst. Dann tu es! Natürlich gibt es auch immer wieder Situationen wie Baulärm, den du nicht abstellen kannst. In diesen Fällen arrangiere dich damit, denn du weißt, dass es nur vorübergehend ist. Wenn aber etwas an deinen Nerven und Sinnen zerrt, das du beeinflussen kannst durch dein Handeln oder durch ein Gespräch, suche diese Lösungen, damit du zufrieden bist.

Alle Sinne schärfen heißt auch, sich der eigenen Sinne wieder gewahr zu sein, sie also bewusst einzusetzen. Was schmeckt dir und was nicht? Was riechst du gerne und was braucht dein Geruchssinn, um sich wohlzufühlen? Welche Berührungen sind dir angenehm und welche nicht? Was hörst du den lieben langen Tag? Und wie viel nimmst du über das Sehen auf, was dich gar nicht interessiert?

Stelle es ab, wenn du es abstellen kannst. Eure Geräte wie der Fernseher und die Stereoanlage haben auch Knöpfe, um sie auszuschalten. Niemand zwingt euch, in Endlosschleife sogenannte Nachrichten zu hören. Auch das Telefon kann man einmal stumm stellen – speziell, wenn ihr meditieren wollt –, und vielleicht ist es nicht immer nötig, das Handy bei sich zu tragen. Schalte regelmäßig alle Eindrücke von außen aus, sei einfach still und lausche in den Raum. Lass also auch mal deine Sinne entspannen und zur Ruhe kommen auf allen Ebenen. Dabei regenerieren sich die Sinne und verfeinern sich. Und das ist für ein gesundes Empfindenkönnen von Nöten.«

Ein Wort sei mir zu den Kindern erlaubt, denn ihre Sinne halte ich für besonders gefährdet. Ihre Kindheit wird zunehmend digitaler! Immer jüngere Kinder sitzen immer länger vor Bildschirmen. Immer weniger erleben sie eine reale, spürbare Außenwelt, an der sie sich erproben und messen und ihre Sinne schulen können. Könnte es sein, dass damit nicht nur der Tastsinn, sondern auch der Wirklichkeitssinn und Wahrheitssinn beeinträchtigt wird? Oft sitzen sie wie in Trance vor den flimmernden Scheinwelten. An so einer virtuellen Umgebung kann ein Kind auch nicht seine Grenzen austesten, es gibt keinen physischen Widerstand. Es lernt ebenso wenig zu spüren, was ihm gut tut und was nicht. Wenn es nicht mehr draußen herumtollt, "kraxelt" und balanciert, wird auch sein Bewegungs- und Gleichgewichtssinn nicht mehr geschult. Und könnte es sein, dass die innere Aufrichtigkeit doch auch mit diesem Üben von Ausloten, Balancieren und Aufrechtstehen zu tun hat? Überhaupt lernt es nicht mehr so leicht das, was Fachleute heute "Selbstwirksamkeit" nennen, also das begeisternde Gefühl von "schaut mal, was ich alles kann!". Vielmehr wirken viele Kinder wie hypnotisiert vor dem Bildschirm. Sie nehmen immer weniger um sich wahr, merken oft gar nicht, dass sie hungrig oder durstig sin. Sprich: ihre Sinne für sich selbst, speziell ihren Körrper, und ihr Umfeld werden schwächer. Mit dem Sinnesverlust geht oft der Sinnverlust einher.

Was braucht es also? Es klingt so leicht und wird doch oft vernachlässigt: klettern, springen, tanzen, singen, turnen, wippen, schaukeln, im Sandkasten spielen, durch Pfützen hüpfen, basteln usw. Helfen wir den Kindern, dass sie wieder ihre Sinne und damit den Sinn und den Spaß im Leben entdecken. Natürlich gilt das auch für unsere eigenen "inneren" Kinder, die mir ebenfalls sehr am Herzen liegen (ich habe darüber ein Buch geschrieben).

Wahrnehmungsübungen und Botschaften

Folgende Wahrnehmungsübungen helfen, die Sinne zu stärken und die Wahrnehmung zu trainieren, damit wir uns, wie die Engel sagen, als »sinnliche Wesen wieder mehr gewahr und unserer Sinneswahrnehmungen bewusster sind«. Auch diese Übungen wurden mir übermittelt.

Übung: Halte im Lesen inne und blicke dich um: Was siehst du alles im Raum?

Sieh dich in deinem Raum um, in dem du dich gerade befindest. Wenn du magst, setze dich auf einen Stuhl oder dein Sofa und schau einfach einmal, ohne etwas zu wollen. Was kannst du alles wahrnehmen, während du dich umsiehst? Vielleicht siehst du Dinge, die dir schon lange nicht mehr aufgefallen sind? Dinge, die dich erfreuen, oder auch Gegenstände, die du schon lange entsorgen möchtest?

Übung: Wie fühlt es sich an, in diesem Raum zu sein? Wie fühlst du dich im Raum?

Spüre in dich hinein, nimm dich im Raum wahr. Welche Empfindungen und Gefühle entstehen dadurch in dir? Wie fühlst du dich? Eingeengt oder wohl? Ruhig oder unruhig? Gedrückt oder freudig? Was macht der Raum gefühlsmäßig mit dir? Macht er dich eher leicht oder schwer, ruhig oder lebendig, traurig oder fröhlich? Welche Erkenntnisse kannst du für dich mitnehmen bei diesem Gewahrsein? Fühlt sich der Raum frei an oder eng? Klar, streng oder verspielt? Gibt es »dicke Luft«,

Angestaubtes oder Frische und Luftigkeit? Kann dir die Energie dieses Raumes etwas geben, dich nähren – oder stört sie dich eher? Werte nicht, aber achte darauf, was diese Raumwahrnehmung mit dir macht.

Übung: Fühlen, statt warten!

Achte darauf, wenn du wieder einmal in einem Wartezimmer sitzt, z. B. bei einem Arzt oder einem Geschäftstermin, was dir beim Umsehen im Warteraum alles auffällt bzw. in den Sinn kommt, während du dich in den Raum »hineinfühlst«. Fühlst du dich wohl? Welche Impulse bekommst du innerlich? Lausche nach innen. Was sagt deine innere Stimme über diesen Raum, über dich, über diese Wartezeit? Was sagt dein Verstand? Und was dein Bauchgefühl? Dann lasse all diese Empfindungen und Impulse los. Sei einfach im Hier und Jetzt da. Sei dir deines Seins gewahr.

Übung: Präsent sein!

Beim Gespräch später mit dem Arzt oder dem Kunden etc. versuche, ganz gegenwärtig zu sein – mit allen Sinnen. Was riechst du? Was fühlst du? Wie empfindest du für dein Gegenüber? Was denkst du? Sei also achtsam mit dir, mit dem, was dich umgibt und was du erlebst. Ist es dir möglich, dabei nur wahrzunehmen und zu unterscheiden, ohne gleich zu urteilen?

Übung: Für gute Energie sorgen!

Du kannst mit deiner Wahrnehmung und deiner Bewusstheit Einfluss nehmen auf deine eigene Energie, deinen Zustand – und ebenso auf die Raumenergie. So kannst du beispielsweise bewusst Frieden erzeugen, indem du ganz bei dir und ruhig bleibst, ruhig bleibst und dir deiner friedvollen Präsenz bewusst bist. Gelingt dir das bei deinem Gegenüber? Oder erlebst du dein Gegenüber als emotional einnehmend, auf unangenehme Weise machtvoll? Lerne also zum einen, deinem Gefühl und deinen Sinnen zu vertrauen, was du im Hier und Jetzt erlebst, und übe dich zum anderen darin, deine Energie zu halten und deinen guten Grundzustand, deine Präsenz und deinen Frieden über dich auszudehnen.

Besinnliche Botschaft

»Die Menschen müssen erkennen, dass sie sich auf dem Irrweg befinden, wenn sie glauben, alles künstlich herstellen zu können, was derzeit ein großes Geschäft ist. Es geht eigentlich darum, Mensch zu sein und Mensch zu bleiben. Und dazu gehören die natürliche Entwicklung und Erhaltung der Sinneswahrnehmungen, die viel mehr für euer Gesundheitssystem in eurem Körper-Geist-Seele-Gefüge bedeuten, als ihr es euch bewusst macht. Wenn die Sinne nicht gut entwickelt sind bzw. sehr dumpf gelebt werden, konzentriert ihr euch als Menschen immer mehr auf Konsum, auf unmittelbare Befriedigung und ein Wollen aus eurem Ego heraus. Und dadurch werdet ihr vor allem über die unteren Chakren gesteuert. Das ist zum Beispiel die Befriedigung eurer unmittelbaren Bedürfnisse, was über die unteren, sogenannten niederen Sinne gesteuert wird. Ohne es zu bewerten, solltet ihr wissen, dass ihr ohne den Geschmackssinn oder Geruchssinn nicht mehr genießen könnt und ohne das Zusammenspiel aus Gehörsinn oder Sehsinn sowie Gleichgewichtssinn keinen Sinn im Leben erkennen könnt. Dadurch wird euer Bewusstsein der sogenannten Erkenntnis und Wahrnehmungsformen abstumpfen und ihr könnt dann nicht mehr feinsinnig sein und gelangt nicht zu einer geistigen Weiterentwicklung wie zum Beispiel zu den höheren Sinnen wie innerem Hören, Sehen oder Fühlen bzw. innerer Erkenntnis. Macht euch das bewusst, denn das Menschsein funktioniert nicht nur über den Verstand, sondern eben über eure gröberen und feineren oder äußeren und inneren Sinne, die euch im Alltag als Orientierung dienen sollen als gesunde Wahrnehmungen, die euch ein gesundes Bauchgefühl verleihen und die euch schließlich zu einer guten Intuition führen.

Beginnt also damit, eure fünf klassischen Sinne zu trainieren. Sorgt dafür, dass sie sich bereits bei euren Kindern und bei euch selbst gesund entwickeln können. Dazu solltet ihr wissen, dass das möglich ist, bei jedem Einzelnen von euch – durch bewusstes Hinschauen auf eure Gewohnheiten und eure Lebensweise sowie durch bewusstes Handeln. Als Teil der Menschheit, Teil der Gesellschaft bestimmst du sehr wohl mit über euren allgemeinen Lebenswandel. So bestimmt sich das Angebot auch dadurch, was du zum Beispiel isst, einkaufst und überhaupt konsumierst. Was du dir ansiehst oder anhörst über die Medien, von anderen Menschen usw. Wenn du das immer bewusster tust, lernst du mehr zu selektieren, was du wirklich brauchst, was dich nährt und menschlich sein lässt. Es zeigt dir auch, was dich wachsen lässt, innerlich wie äußerlich, und was dich behindert bzw. deine negative Seite in dir oder die Selbstzerstörungs- oder Selbstsabotageprogramme in dir fördert.

Du als Mensch, du als einzelnes Individuum, bist die Gesellschaft und entscheidest mit deinem Kauf- und Freizeitverhalten und achtsamen Miteinander, was dir wichtig ist. Steh auf und zeig dich mit deinem Gespür und Wesen! Gehe den Dingen nach, mit denen du dich wohlfühlst und die dich fördern, damit andere es dir gleichtun können, wenn sie sehen, dass es dir guttut. Und zwar nicht, indem sie dich eins zu eins nachahmen, sondern indem sie spüren lernen, was ihnen wiederum ganz individuell entspricht und förderlich ist! Ihr könnt voneinander lernen und dabei doch eure ganz eigene Entwicklung durchlaufen. Lasst euch die Wahrheit in eurem Inneren nicht nehmen, nämlich, dass ihr alle mit allem verbunden seid. Trennt euch nicht dadurch von anderen ab, indem ihr glaubt, etwas besser zu wissen oder besser zu sein oder besser sein zu wollen. Denn dann regiert das Ego. Und ihr beginnt vielleicht damit, nur das zu konsumieren, was andere auch konsumieren, um up to date zu sein. Bleibt bei euch. Haltet euch fern von Dingen, die euch nicht guttun, aber hört auf zu werten! Lasst die anderen die anderen sein und geht euren eigenen Weg, den Weg eurer inneren Wahrheit, eures inneren Kompasses. Um dazu in der Lage zu sein, braucht ihr eine Verschärfung und Gesunderhaltung eurer Sinne. Dies könnt ihr fördern und trainieren.«

Es gibt in manchen Auffassungen übrigens noch weitere Sinne, beispielsweise laut Rudolf Steiner insgesamt zwölf Sinne. Zu den sechs bekannten Sinnen kommen der Gleichgewichtssinn, der Bewegungssinn, der Wärmesinn (oft alle zum Tastsinn gerechnet) und der Lebenssinn sowie die eher mit der Kommunikation und dem geistigen Wesenskern verbundenen Sinne, Sprachsinn, Gedankensinn, Ichsinn, hinzu. Dazu gibt es folgende Botschaft:

»Diese Erweiterung der Sinne ergibt insofern Sinn, da sie euer Verständnis verfeinert, wie ihr Menschen Dinge, aber auch euch selbst, wahrnehmt und begreift, wie ihr euch in der Welt orientiert und wie Fühlen, Erkennen sowie innere und äußere Bewegungen und Begegnungen zusammenhängen. Ihr könnt immer feiner verstehen, wie bei der Begegnung mit anderen Menschen die verschiedenen Wahrnehmungskanäle funktionieren. Erwähnenswert ist außerdem, dass ihr in dieser ›Jetztzeit‹ durch Schwingungsanhebung und jede Art der Bewusstseinserweiterung mehr und mehr ERLEBEN werdet. Das heißt: Mehr Menschen werden mehr spüren, sehen, erkennen und insgesamt wahrnehmen. Wahrnehmungsgrenzen oder euer Horizont weiten sich aus, eure ›Antennen‹ werden feiner oder sollten es werden. Deshalb ist es gut, mehr über diesen feinstofflichen Bereich zu wissen (siehe Kapitel: Der energetische Mensch). Wir bitten dich darum, Ingrid Theresia, dazu das Buch zu schreiben, das wir dir diktieren, wir Elohim, die Schöpferengel, damit ihr Menschen diese Zusammenhänge und Entwicklungsmöglichkeiten, diese Verfeinerungsmöglichkeiten erkennt.«

Praxis: Meditation zur Harmonisierung und Stärkung der Sinne

Atme wieder tief ein und tief aus. Mit jedem Ein- und Ausatmen kommst du erst einmal bei dir an, spürst deinen Körper, wie er hier auf diesem Stuhl sitzt, und erlaubst ihm, locker zu werden. Spüre, wie du dich mehr und mehr entspannst, indem du mit deiner Aufmerksamkeit zu deinem Schulterbereich wanderst, dann zu deinem Kopf- und Nackenbereich. Entspanne dann auch deinen Rücken, deinen Brust- und Beckenbereich. Dein gesamter Körper darf sich mehr und mehr entspannen, soweit es dir möglich ist. Lass los und genieße die Vertiefung deiner Entspannung, mehr und mehr. Geh weiter mit deiner Aufmerksamkeit zu deinen Beinen und zu deinen Füßen, zu deinen Armen und zu deinen Händen. Alles darf sich mehr und mehr entspannen und lockern. Vielleicht kannst du den Energiefluss im Körper oder den Blutstrom im Körper an den Händen oder Füßen wahrnehmen – vielleicht als Kribbeln oder Pulsieren oder Wärme? Denke dabei: ›Ich bin Einatmen und Ausatmen, ich bin in meinem Körper und ich bin entspannt. Ich bin das Licht, die Liebe und die Kraft meines Schöpfers auf Erden. Ich bin eins mit Gott, ich bin das Ich-Bin. Ich weiß das und ich danke dafür, dass ich das weiß.‹

Stell dir nun bitte wieder einen Lichtscheinwerfer vor, der von oben auf dich leuchtet. Du bist jetzt verstärkt verbunden mit der Schöpferkraft, mehr als sonst, denn du bittest jetzt deinen geistigen Helfer, Erzengel Raphael (den Heilungsengel) oder einen Schöpferengel oder auch deinen Schutzengel, mitzuhelfen bei der Verfeinerung deiner Sinne. Jetzt ist ein Scheinwerfer auf dich gerichtet und du wirst bestrahlt mit warmem, goldenem und weichem

Licht. Lass das Licht einsickern. Bitte all deine Zellen, dass sie sich öffnen, sich dem Licht, der Schöpferkraft öffnen, dass sie sich erinnern an Einheit, Einssein, Heilsein, an Gesundsein. Spüre, wie sie sich aufladen.

Dann stell dir bitte vor, dass aus deinen Füßen Wurzeln wachsen, zuerst noch zart, dann werden sie immer mehr und wachsen tief in die Erde hinein. Du kannst dir auch vorstellen, dass du ein Baum bist, mit einem dicken, kräftigen Baumstamm und gesunden, entsprechend großen Wurzeln und einer wunderschönen Baumkrone. Dieser Baum steht in der Sonne. Spüre, wie dieses Licht von oben in dich einfließt, wie es weiter fließt in deine Beine, in deine Füße und in die Wurzeln, so dass deine Wurzeln Lichtwurzeln werden. Alles, was in der Erde und auf der Erde lebt und existiert, bekommt jetzt dieses Licht ab, von Gott von der Einheit. Alle Menschen, alle Tiere, alle Pflanzen, alle Elemente, alle Naturwesen und Naturgeister bekommen etwas von diesem Licht und erinnern sich an Heilsein, Einssein, Gesundsein und Göttlichsein.

Stell dir nun vor, dass zwischen deinem Herzchakra und Solarplexuschakra eine stehende 8 entsteht, die Unendlichkeitssymbolik. Die obere Schlaufe der 8 ist um dein Herzchakra geschlungen und die untere Schlaufe ist in deinem Solarplexuschakra. Diese 8 wird nun von Erzengel Raphael, von einem Helfer oder von einem Schöpferengel mit hellgrüner Heilenergie nachgezeichnet, wie ein Flusslauf, vom Solarplexus zum Herzchakra und umgekehrt. Dann stell dir vor, dass dor geistige Helfer die Schnittstelle dieser 8 aufdreht. Und dadurch entsteht plötzlich eine große strahlende Lichtkugel. Darin leuchtet die Seelenkraft, die du bist. Lass den Lichtscheinwerfer auf deine Lichtkugel einwirken, um das Licht in diesem neuen Chakra, das auch über den gesamten Herz- und Solarplexusbereich hinausstrahlt, zu beleuchten und zu verstärken.

Nun gehe zu deiner Körperoberfläche, deiner Haut, und stelle dir vor, wie du bestrahlt wirst mit farbigem Licht. Mit warmem, goldfarbenem bis orangefarbenem Licht. Spürst du es auf der Haut? Und kannst du es dir vorstellen? Nun stelle dir vor, wie ein angenehmes Lüftchen weht an einem warmen Tag. Es fühlt sich an wie ein leichter Wind, der dich bei einem Spaziergang am Strand erfrischt. Stelle es dir vor und genieße es. Du bist jetzt an diesem Strand, so schön, wie du ihn dir vorstellen kannst. Stelle dir vor, dass du ins Wasser hineingehst, in das kühle, aber doch nicht kalte Meer, das dich reinigt und ganz angenehm erfrischt. Verweile so lange, wie es dir angenehm ist in diesem Element. Wenn du dich ausreichend erfrischt hast, stell dir vor, dass du wieder aus dem Wasser herauskommst und in eine warme, kuschelige, wohlige Decke gehüllt wirst. Welche Farbe hat diese wunderbare Decke? Wie fühlt sie sich an?

Und nun, da der Tag sich dem Ende zuneigt, stellst du dir vor, dass du in deiner Decke eingehüllt am Kaminfeuer sitzt. Ein angenehm prasselndes oder zart knisterndes, wärmendes Feuer. Genieße das Spiel der Flammen, den Duft des Holzes, das Aufwärmen nach dem erfrischenden Tag am Strand. Spüre nun in dich hinein, auf was du jetzt Lust hast. Bist du hungrig oder durstig? Dann stell dir ein warmes Lieblingsgericht vor, das dir wie von Zauberhand sofort serviert wird und auf einem Tischchen neben dir verlockend duftet. Du kostest … Schmecke es! Stell dir vor, wie du es isst. Genieße es! Spüre, wie es deinem Magen guttut. Vielleicht hast du auch Lust auf ein Getränk. Ist es etwas Warmes? Etwa wie Tee oder Kakao? Oder etwas Erfrischendes wie ein Fruchtsaft oder Cocktail? Wonach verlangt es dich? Stell es dir vor. Verströmt das Getränk ein köstliches Aroma? Nimm es wahr. Und genieße nun auch dein Getränk.

Stell dir weiter vor, du bekommst Besuch und jemand überreicht dir einen wunderschönen Strauß Blumen. Welchen Duft hat dieser Blumenstrauß? Riechen die Blumen nach Rosen, nach Flieder oder Maiglöckchen? Oder nach etwas anderem? Welcher Duft kommt dir in den Sinn oder in deine Nase? Du kannst dir auch einfach deinen Lieblingsduft vorstellen. Sauge diesen Duft in dich ein, genieße ihn und erfreue dich daran! Wo spürst du dieses Gefühl? Wenn du magst, erfreue dich auch am Anblick der Blumen.

Es wird Zeit für ein bisschen »Wellness«. Stell dir vor, dass du dich mit einem wohltuenden Körperöl einmassierst und deinen Körper streichelst und mit diesem Öl pflegst. Wie riecht dieses Öl? Welchen Duft hat das Öl? Ist es eher erdig oder holzig wie Sandelholz oder eher blumig, vielleicht wie Jasmin? Oder aber frisch wie Limette oder Minze? Schau, was dir in den Sinn kommt. Rieche den Duft, den dein Körperöl hat, ganz deutlich. Und spüre die Textur, das Gefühl auf deiner Haut.

Dann betrachte deine Wohnung. Wie sieht sie aus? Welche Farben hat sie vorwiegend? Stell dir diese Wohnung, in der du jetzt sitzt, so vor, wie du dir deine Traumwohnung schon immer gewünscht hast. Du sitzt im Wohnzimmer am Kamin … Was nimmst du um dich herum wahr? Was siehst du? Welche Vorhänge hast du? Welche Fenster? Ist es hell oder dunkel? Welche Farbe haben die Wände deines Raumes? Wie sehen deine Möbel aus, modern oder antik? Edel oder natürlich? Erkennst du die Materialien? Welche Bilder hängen an der Wand? Welche Farbe haben diese Bilder? Bleib bei deinen Wahrnehmungen. Ist das Zimmer eher groß oder klein? Bunt oder einfarbig? Verspielt oder schlicht eingerichtet? Stell dir alles vor, was und wie du es gerne hättest. Schaue alles genau an.

Und nun schalte dir Musik an. Was hörst du? Stille? Klänge? Klassische Musik? Musik mit hellen Tönen? Oder hörst du lebendige Musik mit Rhythmus, die zum Tanzen einlädt? Ja, dann bewege dich zur Musik, tanze geistig oder genieße einfach die

Klänge, die Melodien, den Rhythmus, die Tiefe der Musik. Spüre, dass du dich wohlfühlst. Es ist eine Harmonie mit dir, deinem Umfeld, mit »Gott und der Welt«. Denke nun an deine Verbindung zur Quelle, an das Vertrauen, an die Liebe zur Einheit mit allem Leben und an deine Heimat bei Gott. Genieße Verbundenheit. Genieße Gottvertrauen. Genieße das Gefühl des Einklangs.

Denke nun an deine positive Zukunft, was du dir wünschst und ersehnst. Gib deine Wünsche, Absichten und Formulierungen nun an deinen Schutzengel, an deinen Lieblingsengel oder an Gott ab und bitte ihn um Erfüllung. Sage ihm, dass du dir wünschst, dass dies in Erfüllung gehen möge und dass es dir wichtig ist, und danke Gott und seinen Engeln jetzt schon dafür, so, als sei es bereits eingetroffen.

Nun bitte darum, dass dein 6. Sinn aktiviert und harmonisiert werden darf, so, wie es aus der göttlichen Sicht sein darf und du es annehmen kannst. Danke und formuliere nun deine Wünsche. Dann lass deinen Kopf frei werden. Sei offen und still, indem du nichts erwartest. Höre einfach in die Stille hinein, schau nach innen und nimm wahr … Bedanke dich für alle Impulse oder Erkenntnisse, die jetzt vielleicht in dir auftauchen.

Nun bitte deinen Engel und die Engel Gottes um ein Bild, ein Gefühl oder ein Zeichen oder ein Wort zu dem, was jetzt für dich wichtig ist. Ganz gleich, was du jetzt wahrnimmst, es ist gut. Du erwartest nichts, sondern du bittest darum, dass dir etwas gesagt oder gezeigt werden darf als Einsicht. Bedanke dich jetzt auch hierfür und lass dich darauf ein, ob du etwas erkennen, spüren oder auf andere Weise wahrnehmen kannst. Lass es in dir als Bilder oder Gefühle aufsteigen. Nimm es dankend an. Danach kannst du dir gerne Notizen machen, aber jetzt warte … Sieh, spüre und nimm wahr! Lass dir Zeit dabei!

Schließlich … löse dich von den Eindrücken. Bedanke dich bei Gott und den Engeln und schicke ihnen Licht und Liebe. Du atmest tiefer ... Langsam kehrst du wieder ins Hier und Jetzt zurück. Und sobald du die Augen öffnest, bist du wieder wach und präsent hier in diesem Raum.

Was ist jetzt nach der Meditation spürbar anders in deinem Herzen? In deinem Energiefeld? In deinen Sinnen? Hast du bemerkt, dass wir neben den Sinnen nun bereits einen Schritt weiter gegangen sind? Wir haben damit begonnen, die Imagination und Intuition zu schulen. Das ist möglich, wenn unsere Wahrnehmung verfeinert ist und wir innerlich dazu in der Lage sind, zur Ruhe zu kommen. Vielleicht hast du dadurch Lust bekommen, diesen Zustand öfter bewusst herbeizuführen? Du kannst diese Meditation so oder so ähnlich immer wieder üben. Lass dich überraschen, wie sich deine Wahrnehmungen mit der Zeit verändern können. Die ersten Schritte sind getan, ich gratuliere dir!

Alles schwingt, alles wirkt ...
auf deine Sinne

Farben und Töne

Wir wissen ja, dass Farben den relativ kleinen Abschnitt an Frequenzen darstellen, die wir Menschen sehen können. Ein anderer Abschnitt umfasst Frequenzen, die wir hören können (siehe weiter unten). Frequenz heißt nichts andres als Energieschwingung. Alles Wahrnehmbare im Universum ist eine Frequenz, die wir entweder als fest ertasten oder als Vibration spüren (das sind besonders niedrig schwingende), als Licht und Farbe sehen oder als Ton und Geräusch hören. All diese Frequenzen und Frequenzverhältnisse oder Muster treffen auf unsere Sinnesorgane, beispielsweise auf unsere Haut, unser Trommelfell oder die Netzhaut unserer Augen, und werden im Zusammenspiel mit dem Gehirn zu Sinneseindrücken verarbeitet. Diese Eindrücke oder Frequenzen wirken jedoch auch auf unser Energiesystem, wie wir gesehen haben, und stehen in Wechselwirkung mit unserem Fühlen, Denken, Erinnern. Wie können wir das für uns nutzen? Zunächst können wir hören, was die geistige Welt über die Farben sagt:

»Auch Farben haben eine Bedeutung für eure Sinne, euer Wohlbefinden und euer Gemüt. Ingrid Theresia, du erlebst täglich in deiner Praxis bei einer Aurasitzung, wie unterschiedliche Einflüsse von Farben auf verschiedene Auraschichten und die Chakren sowie die Sinne wirken, nämlich mit deinen Farbessenzen. Doch auch alle anderen kennen sicherlich die Wirkung von Farben. Sie werden heute sogar schon als Farbtherapie angewandt. Mit gezielten Farbschwingungen könnt ihr bestimmte

Bereiche in eurem menschlichen Energiefeld aktivieren oder ausgleichen.

Zunächst kennt ihr die Hauptfarben: Rot, Gelb, Orange, Grün, Weiß (eigentlich keine Farbe, sondern in Weiß sind alle Farbspektren enthalten!), Blau, Rosa, Violett und darüber hinaus noch viele weitere Schattierungen. Ihr sprecht auch von ›Farbtönen‹. Darin drückt sich die Nähe von Farben zu akustischen Klängen aus. Sowohl Farben als auch Töne haben eine Wirkung auf das menschliche Energiefeld. Sie lassen sich in etwa auf diese Weise zuordnen:

• Rot ist Erde. Ist Kraft, Lebenskraft. Ist Energiezufuhr, Wärme und Leidenschaft. In Musik ›übersetzt‹ entspricht dieser Frequenz sehr rhythmische Musik wie Trommelspiel.

• Orange ist Leichtigkeit, Lebendigkeit, Lebensfreude, Sinnlichkeit. In der Musik denkt ihr vielleicht an Harfenmusik, an Vivaldi, an fließendes Wasser, weiche und sehr lebendige Klänge.

• Gelb ist Sonne. Diese Farbe steht unter anderem für innere Stärke, Zentrierung, in der Mitte sein, gesundes Selbstbewusstsein. Die musikalische Entsprechung sind ebenfalls eher ausdrucksstarke Rhythmen und Orchestermusik.

• Grün ist die Heilungsfrequenz. Ihr kennt diese Wirkung aus der Natur und genießt sie dort, weil sie für euch heilsam ist. Grün steht auch für Wachstum, Freundlichkeit, Harmonie und Regeneration. Musikalische Assoziationen können sein: Vogelgezwitscher, harmonische Klänge, Delfingesänge.

• Weiß hat die Zuordnung zu Reinheit, Klarheit, kristallklarem Licht, Weite und trägt alle Farben in sich. In Musik ausgedrückt könnt ihr dabei sphärische Klänge oder Zimbeln hören.

- Blau steht für Freiheit, Kommunikation, Klärung und Reinigung, die Elemente Luft und Wasser, aber auch für Ruhe. Blautöne sind für euch beruhigend und klärend. ›Blaue Musik‹ steht für Entspannung und meditative Musik.

- Rosa ist Liebe, Herzensreinheit, Herzenskraft, Herzensfreude, Zartheit und ein Offensein für die Liebe, Herzlichkeit und seelische Wärme. Die Entsprechung ist: gefühlvolle Musik, freudige Musik und tiefsinnige, berührende Musik.

- Violett ist Transformation, Einheit, Umwandlung, Inspiration, Öffnung für Göttliches und für verschiedene Wahrnehmungsformen sowie Spiritualität. Ihr entspricht das, was ihr manchmal New-Age-Musik nennt oder besondere Formen von erhebender, sakraler Musik.

Hören ist auch eine eurer Urwahrnehmungsformen. Dazu gehört die Fähigkeit, still zu sein und einzelne Töne und Klänge bewusst zu unterscheiden. Klänge und Töne in bestimmten Frequenzen sind heilsam, durchbrechen Blockaden und bringen Gestautes in Fluss. Hierfür ist z. B. eine Klangmassage, das eigene Spiel eines Musikinstrumentes oder das Singen, aber auch schon allein das Hören von wohltuender Musik, das Wirkenlassen der Klänge, gut geeignet. Lernt auch hier zu unterscheiden! Rhythmusmusik wie Orchestermusik bringt eher Bewegung und Beweglichkeit, während sanfte Geigenmusik mit melancholischer Melodie oder weiche, zarte Töne eher nachdenklich stimmen. Beschwingte Musik kann zum Mittanzen einladen und unterstützt dadurch den Wunsch nach Tatkraft, Aktivität und Lebendigkeit im Einzelnen. Also erinnert euch an die Wichtigkeit der Musik.

Über besondere Frequenzen im Sehen (Farben) und Hören (Klänge) werden die verschiedenen Sinne stark aktiviert oder aber beruhigt. Die Schwingungen, die ihr so aufnehmt, können von eurem Energiefeld und eurem Körper umgesetzt werden. Über die Sinne kann eine Harmonisierung und ein Ausgleich von Körper, Geist und Seele stattfinden. Ist dies nicht ein schöner Weg zu mehr Gesundheit?«

Wenn wir hier von Schwingungen sprechen, geht es stets um Harmonie. Um Ein-Klang. Und um Stimmigkeit. Die geistige Welt sagt dazu:

»Schwingungen von harmonischen Tönen bewirken beim Menschen eine Aktivierung und Harmonisierung im Emotional-körper und eine Verfeinerung der Auraschichten. Musik und Klang ist immer auch Heilung für den Menschen, egal, wie er Musik aufnimmt, z. B. über die Musikklänge der Natur, wie das Rauschen eines Bächleins, das Summen von Bienen oder das Rauschen des Windes in den Baumkronen – oder durch verschiedene Musikrichtungen. Auch Klangschalen bewirken Heilung, da sie in Heilfrequenzen schwingen. Deshalb ist es wichtig zu wissen, dass ihr Menschen gute Musik hören solltet, gute Klänge, gute Töne. Das heißt Harmonisches. Also keine sogenannten Misstöne oder unruhige bzw. aggressive Musik oder ›Störgeräusche‹ euch anhören solltet, es sei denn, dies dient der Auseinandersetzung und Konfrontation mit Emotionen oder der Aktivierung von Emotionen, wie eventuell unterdrückter Aggressionen oder Traurigkeit. Zu solchen Zwecken – wie in der Kunst auch – ist dies natürlich erlaubt, wenn es nötig ist, etwas anzuregen. Wer sich jedoch permanent durch zu viel ›Input‹, zu viele Reize und noch dazu durch unharmonische Töne, die nervend oder anstrengend sind oder zu melancholisch wirken, auseinandersetzt, wird sich auf Dauer nicht gerade harmonischer fühlen.

Euer energetisches System wird ›verstimmt‹. Diese Beschallung ist also nicht förderlich für eure innere Ruhe und Ausgeglichenheit. Bedenkt dabei, dass unterschiedliche Menschen unterschiedliche Töne und Klänge brauchen, da die Wahrnehmungs- und Aufnahmegrenzen völlig verschieden sind. Trotzdem ist es immer gut, z. B. mit harmonischer Musik und entspannungsfördernder Musik im Menschen Weichheit, Liebe und Ruhe zu fördern. Indem ihr Harmonie aufnehmt, beginnt ihr selbst zur Harmonie hin zu schwingen.

Die Sinne des Menschen haben auch hier wieder eine wichtige Funktion und Bedeutung, euch an Gesundes zu erinnern. Sie sind verantwortlich für euer Unterscheidungsvermögen. Sie lassen euch spüren, wie stark alles überreizt, einseitig oder disharmonisch ist. Wenn ihr das übertreibt oder euch diesem lange aussetzt, besteht die Gefahr, dass ihr auf verschiedenen Ebenen – nicht nur bei Tönen – nicht mehr erkennen könnt, was für euch in jedem Moment gesund bzw. harmonisch ist. Wenn deine Sinne hingegen wieder beruhigt und gefördert werden hin zur gesunden Wahrnehmungsform, dann wirst du hierdurch wieder mehr und selbstverständlicher spüren können, was du brauchst und was nicht und somit instinktiver und intuitiver handeln können.«

Düfte, Worte und vieles mehr

Selbstverständlich haben auch Düfte, Aromen und andere Sinnesreize stets eine Wirkung auf uns Menschen. Weniger offensichtlich ist uns heute, dass auch Worte wirken. In früheren Kulturen war das noch sehr wohl bekannt. Ja, viele Weisheitslehren gehen sogar davon aus, dass Klang und Wort schöpferisch wirken, am Anfang der Schöpfung stehen. Und auch heute noch haben Worte eine Wirkung auf uns. Wie wahr das ist und wie weitgehend diese Wirkung ist, hat auf eindrucksvolle Weise der japanische Wissenschaftler und Forscher Dr. Masaru Emoto nachgewiesen. In seinen aufsehenerregenden Experimenten hat er Wasserkristalle mit Worten beschallt oder das geschriebene Wort auf diese "Wasserproben" einwirken lassen. Er hat diese Proben dann tiefgefroren und später unter einem Mikroskop ausgewertet. Die Ergebnisse waren wundervoll: Er konnte zeigen, dass freundliche, liebevolle Worte stets harmonisierend wirkten und die Struktur der Eiskristalle verschönerten. Grobe Worte hingegen deformierten oder zerstörten gar die Wasserkristalle. Seine Arbeit war bedeutsam, um etliche Phänomene zu erklären, der die klassische Naturwissenschaft oft noch skeptisch gegenübersteht, wie Homöopathie etwa oder Bachblüten. Mit Emoto haben wir einen Erklärungsansatz für die Wirkung von Schwingungen über Farben und Klänge hinaus. Es kann hier nicht mein Anliegen sein, Emotos Arbeit im Detail zu erläutern oder zu beweisen. Ich möchte lediglich aufzeigen, dass es bereits vielversprechende Forschungsbereiche gibt, die beginnen, die vermeintlichen Rätsel zum Heil- und Weisheitswissen alter Kulturen und auch neuer energetischer und geistiger Heilweisen zu entschlüsseln.

Sinnvolle energetische Hilfsmittel

Mit den wundervollen Blütenessenzen des Dr. Bach, den sogenannten Bachblüten, haben viele Menschen bereits seit Jahrzehnten heilsame Erfahrungen gesammelt. Auch ich habe dies vor vielen Jahren erleben dürfen und diese sehr gerne in meiner Praxis eingesetzt. Vor vielen Jahren durfte ich dann durch die Anweisung und Botschaft meiner Engel eigene Schwingungsmittel herstellen, sogenannte Essenzen. Diese Schwingungsmittel helfen, die Aura des Menschen zu kräftigen, auszugleichen oder zu schützen. Das menschliche Energiesystem kann durch solche Essenzen in seinen Funktionen unterstützt und stabilisiert werden. Dabei sind unter anderem "Farbessenzen", die Schwingungen verschiedener Farbqualitäten, auf eine Trägersubstanz aus Wasser und Cognac aufgebracht worden.

Da, wie wir untersucht haben, die Chakren in verschiedenen Farben schwingen und sich harmonisch oder disharmonisch zeigen, wirken die Farbessenzen auf diese Chakren aufladend, stärkend, "farbauffrischend" und nährend.

Ein besonderes Erlebnis für "alle Sinne" sind auch Raum- und Energiesprays. Dabei solltest du darauf achten, dass wirklich natürliche ätherische Öle verwendet werden. Ich selbst durfte vor ein paar Jahren damit beginnen, spezielle Aura-Sprays herzustellen. Dafür werden mir stets die "Rezepturen" durchgegeben mit unterschiedlichen Farben, Aromaölen und Themenessenzen (rein geistige Frequenzen mit einem bestimmten Informationsgehalt wie "Freiheit", "Ruhe", "Freude" und inzwischen viele weitere). Sie werden zu Schwingungsmitteln für das menschliche Energiesystem. Die Zweckbestimmung dieser Aura-Sprays ist es, die Aura des Menschen auf allen Ebenen zu stärken, auszugleichen, zu harmonisieren oder zu aktivieren. Sie unterstützen durch Duft, Frequenz und Farbe das menschliche Energiefeld, jedoch geht diese Stärkung auch auf die Sinne des Menschen über sowie auf die Chakren und dadurch auf das Gesamtwesen aus Körper, Geist und Seele. Der Einzelne wird in seinem ganzen Sein und mit allen Seelenanteilen mit dem jeweiligen Farbspektrum durchflutet. Und überall dort, wo ein Defizit besteht, holt sich jeder Mensch das, was fehlt, aus der entsprechenden Farbessenz heraus und wird damit aufgefüllt. Du musst dabei keine Angst vor einer Überaktivierung durch zu viel Farbe haben, denn diese Farbessenzen füllen nur auf, was aufgenommen werden kann und benötigt wird. Dies kann man sich vorstellen wie ein Glas, das befüllt wird. Wenn es voll ist, läuft die Flüssigkeit über den Rand hinaus, überschüssige Energie fließt ab.

Wenn du die nachfolgenden Beschreibungen der Farbessenzen liest, spürst du vielleicht selbst, zu welchen Qualitäten es dich zieht. Dies kannst du in deinem Leben auf vielerlei Weise integrieren. Die Essenzen sind nur ein Weg, dies zu verstärken.

Die Farbessenz Gelb beispielsweise bewirkt Wärme, Gleichmut, Gleichklang und Frieden. Sie fördert die Entspannungsfähigkeit, nährt wie Sonnenlicht und verhilft zu mehr Flexibilität sowie Spontaneität. Sie stärkt das "sonnige Gemüt" im Menschen und gibt Klarheit, Entscheidungskraft und Selbstbewusstsein.

Die Farbessenz Rosa bewirkt Herzöffnung. Dies beinhaltet Nächstenliebe, seelische Wärme Eigenliebe, die Liebe zu allem Sein, eine Ausdehnung des Mitgefühls sowie einen besseren Gefühlsausdruck. Die Essenz stärkt ganz besonders das Handeln aus dem Herzen heraus und das Vertrauen in dein Handeln.

Die Farbessenz Grün bewirkt Freude, Mut, Wachstum, die Steigerung der Abwehrkräfte und ein tiefes Ruhegefühl.

Die Farbessenz Blau gibt uns das ganze Spektrum von Dunkelblau bis Hellblau. Damit erzeugt sie in uns Leichtigkeit, Erholung, Frische sowie den Wunsch, zu kommunizieren und nach außen zu gehen, dabei jedoch in uns zu ruhen und unsere Stärke zu spüren.

Die Farbessenz Rot bewirkt ebenfalls eine Stärkung, jedoch eher im Sinne einer Aktivierung der eigenen Substanz und einer Verstärkung des eigenen Energieniveaus. Sie gibt "Power" und freudigen Tatendrang.

Die Farbessenz Orange ist die Farbe der Liebe zur Leichtigkeit und der freudigen Erwartung des Lebens. Sie ist stimmungsaufhellend und fördert Begeisterung sowie Kreativität. Sie vermag unser eigenes Feuer spielerisch zu aktivieren. Sie macht sozusagen "Lust und Laune" und regt uns dazu an zu genießen.

Die Farbessenz Weiß trägt alle Farben in sich. Diese Essenz erinnert uns vor allem an Reinheit, Frieden, Stille, Klarheit und Weisheit. Sie fördert und bewahrt geistige Klarheit, Konzentration und Willensstärke.

Die Farbessenz Violett steht für Transformation und für die Leichtigkeit, sich mit den höheren geistigen Welten zu verbinden. Sie unterstützt spirituelles Wachstum. Darüber hinaus fördert sie die feineren Wahrnehmungsfähigkeiten und die Intuition. Alles Alte wird gereinigt und umgewandelt. Damit eröffnet sie neue Sichtweisen und Tore für die nächsten Entwicklungsstufen.

Die Farbessenz Gold hat mit dem Einheitsgefühl zu tun. Sie eignet sich für die Meditation. Ihre Qualität verweist auf geistige Weisheit, Allwissenheit und Erleuchtung. Diese Essenz bewirkt ein Durchleuchtetsein und schenkt ein Gefühl von Geborgenheit, Fülle, Vertrauen und Sicherheit. Die goldene Farbschwingung lässt uns wissen, dass alles seinen Weg geht, und wir nicht zweifeln müssen. Sie fördert das Wertbewusstsein im Menschen und lässt uns höher schwingen durch die Erkenntnis der eigenen Göttlichkeit, im Sinne von "vom Schöpfer kommend" und "mit Gott eins sein können".

Die Farbessenz Silber bringt eine spirituelle Weichheit in die Aura und unterstützt den Menschen, das göttliche Verbundenheitsgefühl in die materielle Welt hineinzubringen und Himmel und Erde, Männlich und Weiblich zu verbinden.

Die Farbessenz Türkis gibt Weite, Mut, Leichtigkeit, erfrischende Heiterkeit sowie Verspieltheit, wie Kinder dies kennen. Diese Farbessenz bringt Offenheit und Empfänglichkeit in den kreativen Ausdruck und unterstützt die Hingabe an die innere Führung in Freiheit.

Die Farbessenz Regenbogenfarben beinhaltet Farbspektren, die "nicht ganz von dieser Welt" sind. Schillernd, glitzernd, leicht, pastellig und doch klar. Diese Essenz erzeugt eine Art Regenbogenbrücke und verbindet dich mit der geistigen Welt.

Selbstverständlich sind all die aufgezählten Dinge wie Musik, Essenzen und Düfte nur Hilfsmittel. Wir können die gewünschten Wirkungen genauso gut nur auf geistigem Weg erzielen, kraft unserer Vorstellung oder Imagination. Dazu dient die folgende Meditation, die ich dir besonders ans Herz lege. Sie ist wie eine Aufladestation für dein gesamtes Energiefeld.

Ich möchte erwähnen, dass es in meinem eigenen Sortiment von Schwingungsmitteln auch eine Essenzenlinie für die 7 Sinne des Menschen gibt. Sie stärken und harmonisieren auf geistiger und energetischer Ebene das jeweilige Sinnesorgan und unterstützen jegliches Training zur Wahrnehmungsverfeinerung. Du findest sie auf meiner Cosmomediterra Website unter:

www.cosmomediterra.com

Praxis: Meditation mit der »Farbtankstelle« zum Aufladen

Atme tief ein und tief aus. Und sei wieder mehr und mehr im Loslassen und Entspannen. Entspanne deinen Schulterbereich, Nacken und Kopf ... Entspannte deinen gesamten Rumpf sowie deine Beine, Arme, Hände und Füße. Immer wieder, mit jedem Ein- und Ausatmen lässt du ein Stückchen mehr los und lockerst deinen Körper.

Nun stell dir vor, dass der Himmel sich über dir öffnet. Stell dir ein Scheinwerferlicht von oben vor, so wie wenn der Himmel sich öffnet und das göttliche Feld dich wie eine Sonne bestrahlt mit höchster und reinster Schwingung, mit Ursprungswahrhaftigkeitslicht. Lass dich durchleuchten und durchfluten. Und fühl dich verstärkt verbunden mit der göttlichen Quelle, der Schöpferkraft. Dieses helle, warme, goldene Licht aus der Quelle bestrahlt und durchströmt dich, deine Aura, deinen Körper, bis in alle Zellen und Schichten hinein. Dein ganzes Sein ist nun lichtdurchflutet. Stelle es dir vor. Was empfindest du dabei? Spüre den Frieden, die Liebe und Kraft deines Schöpfers. Sauge dieses Gefühl ein, lade dich ganz auf damit und lass es sich ausdehnen in dir. All deine Zellen, dein ganzes Wesen erinnern sich an Frieden, Geborgenheit und Freiheit.

Gehe nun mit deiner Aufmerksamkeit zu deinen Füßen und lasse in deiner Vorstellung Wurzeln aus deinen Füßen wachsen, die sich mehr und mehr in die Erde hinein verzweigen. Stell dir vor, wie du gut verwurzelt bist. Dann stell dir vor, wie du von einem geistigen Helfer, z. B. deinem Schutzengel oder einer anderen Lichtgestalt, an eine Art »himmlische Tankstelle« oder Aufladestation geführt wirst. Dafür stell dir vor, dass der Engel dich bei der Hand nimmt. Und du darfst nun auf einem Stuhl oder auf einer Bank Platz nehmen. Er bringt nun ein Gerät, das aussieht wie eine Tankzapfsäule. Man kann auf einen Knopf drücken und schon fließt eine bestimmte Farbe heraus, die du jetzt zum Aufladen für ein bestimmtes Chakra benötigst. Selbst wenn du schon gut aufgeladen bist, achte jetzt darauf, wenn dein geistiger Helfer oder dein Schutzengel den Zapfhahn nimmt, an welches Chakra er diesen Schlauch bei dir hält. Und welche Farbe stellt er ein? Welche Farbe sprudelt jetzt hervor und in dein Energiesystem oder ein Chakra hinein?

Schau einfach mal, mit welcher Farbe du nun vollkommen gesättigt wirst. Spüre, wie diese Farbe in deinem Körper Raum einnimmt. Wie fühlt sich das an, wenn du auf diese Weise aufgeladen wirst? Was nimmst du wahr? Vielleicht ein Kribbeln, Wärme, ein Gefühl der Sicherheit oder Kraft, der Ruhe oder des Friedens?

Nach einer Weile sagt dein Engel oder geistiger Helfer: »Ich helfe dir jetzt, weitere Fragen aus deinem Inneren heraus zu beantworten. Was kannst du noch tun, damit du wieder in deine Kraft kommst und in deiner Kraft bleibst? Was kannst du persönlich dazu tun? Bleib ganz bei dir und lausche oder blicke in dich hinein. Achte jetzt auf Begriffe, Wörter, Impulse.«

Auch bei der nächsten Frage hilft er dir, damit die Antwort in dir selbst auftaucht. Welchen deiner sieben Sinne solltest du mehr beachten oder aktivieren oder stärken? Welches Wort fällt dir dabei ein oder kommt dir dabei jetzt in den Sinn? Frage weiter: Welche Stelle in deinem Körper spürt es am meisten, wenn du Energie verlierst? Welches Chakra oder welche Auraschicht ist betroffen? Achte wieder darauf, welche Impulse du bekommst und was du spürst. Dein geistiger Helfer oder dein Engel hilft dir dabei. Nimm es dankend zur Kenntnis. Urteile nicht.

Was kannst du tun, damit das nicht mehr passiert? Was kannst du selbst dazu beitragen, dass du deinen Energiehaushalt, deine Energie hältst und bewahrst? Gibt es etwas Kreatives, was deine Kraft aktiviert, dich im Fluss sein lässt und dein inneres Feuer lebendig und beweglich hält? Lausche wieder auf deine Eingaben oder Bilder.

Nun stell dir vor, es ist Sommer. Du legst dich auf eine Wiese, mit dem Rücken flach auf den Boden ins grüne Gras. Es riecht gut. Nun blickst du in den blauen Himmel. Spüre deinen Körper im Gras liegen, während dein Helfer oder Engel nun all deine Chakren und dein ganzes Energiefeld, alle deine Schichten bearbeitet beziehungsweise dein ganzes Energiefeld ausgleicht. Was spürst du? Genieße es, wenn jetzt Heilarbeit an dir geschieht!

Frage nun deinen Helfer zum Abschluss dieser Meditation, was du tun kannst, um deine Sinne allgemein zu stärken. Was ist für dich dazu wichtig? Was sagt oder empfiehlt er dir? Achte auf ein Wort, auf Bilder oder andere Wahrnehmungen. Dann bedanke dich bei deinem inneren geistigen Begleiter.

Langsam, aber sicher nimmst du dich wieder aus dem Bild zurück und gehst aus dem inneren Erleben heraus. Du kommst wieder mit all deiner Aufmerksamkeit und all deinen Sinnen zu deinem Körperbewusstsein und in den Raum zurück, in dem du sitzt. Atme wieder tief ein und tief aus, bis du wieder vollkommen bei dir und im Hier und Jetzt angekommen bist.

Wie fühlst du dich nun? Wie geht es dir nach unserer gemeinsamen Reise zu dem Wunderwerk deiner Sinne? Und nach den praktischen Übungen? Beginnst du zu erahnen und zu spüren, wie du einerseits stabiler und zentrierter wirst und dich andererseits vielleicht schon etwas klarer und freier fühlst? Freue dich, denn das ist ein gutes Zeichen! Als Nächstes werden wir uns ansehen, wie die geschärften Sinne überhaupt mit Klarheit und Freiheit zusammenhängen.

Gedicht für die Sinne

Der Klang in meinem Ohr ist harmonisch,
die Musik dazu erinnert mich an Frieden.
Das Rauschen eines Bächleins lässt mich tief empfinden,
was Natur heißt.
Der Duft von blühenden Wiesen und Bäumen
lässt mich erkennen: Ja, wir leben!
Dies ist das Leben und was uns daran so gefällt!

Du schmeckst die Fülle der Früchte,
der Beeren und des klaren Wassers der Natur.
Deine Augen können sich nicht sattsehen an solch
Farbenpracht und Klarheit in der Luft.
Und dann erst dieser Duft, der dich erinnert an die Kindheit,
von Maiglöckchen und Jasmin, von Apfelblüten
und gemähtem Gras!

Ich lege mich ins Gras und spüre
mit jeder Faser meines Körpers
die Weichheit des Bodens und der Erde.
Und ich höre die Grillen zirpen und die Vögel singen
und blicke in den Himmel dabei und sehe
die Wolken ziehen vorbei.
Dabei denk' ich an Gott und meine wahre Heimat.
Und in meinem Herzen fühle ich mich so frei.

Es ist ein Paradies auf Erden,
wenn es den Menschen nur erkennbar wäre.
Die Farbenpracht, die ich mit eigenen Augen sehen kann,

dafür, Gott Vater, danke ich dir, ja, für die Farbenpracht
und für noch viel mehr,
und dass ich sehen kann und meine Sinne alle habe
und sie achten und schätzen kann.

Das alles schafft Vertrauen und ein Gefühl
der Erinnerung und Geborgenheit.
Die Kinder wissen noch Bescheid, das Wichtigste zu wissen,
Dinge genießen zu können
und sich zu erfreuen an all diesen wunderbaren Dingen.
Die Freuden zu leben und dankbar zu sein,
sie zu haben und sich daran zu laben,
an allem, was Gott gemacht in all seiner Herrlichkeit
und all seiner Pracht.

Wenn dein Herz sich geöffnet hat für all diese Gaben,
dann ist Erholung pur und tiefer Frieden das Geschenk dafür.
Zum Wohle der Erde Beitrag zu leisten,
zu erhalten dies ganze Getriebe,
das ist unsere Pflicht, sonst nämlich erlischt
das weltliche Paradies
und wir hätten es nicht einmal gemerkt,
dass das Paradies auch schon hier auf Erden gewesen ist.

Meditativ von Ingrid T. Bleier

Kapitel 3

Besinnung und Meditation

Alles klar – ich lass mich nicht vernebeln

Inzwischen ist dir vermutlich bewusst geworden, dass unsere feinen Energiekleider genauso viel Pflege und "Wäsche" brauchen wie unsere wirkliche Kleidung. Und die Sinne gehören zu unserem Energiesystems. Nur wenn wir sie klar halten, zeigen sie uns als verlässlicher Kompass die Richtung zur Gesundheit an. In gewisser Weise ist auch das Gehirn ein Sinnesorgan. Und wie wir gesehen haben, erzeugen auch unser Denken und unser Fühlen Energiefelder: den Mental- und den Emotionalkörper. Mentalhygiene kann uns so zu immer freierem Denken und zu Selbstbestimmung verhelfen. Das Klären des Emotionalfeldes hingegen unterstützt uns darin, gefühlsmäßige "Altlasten" loszulassen und unser Herz in Liebe und Hingabe zum Leben zu öffnen.

Vielleicht weißt du schon, dass wir oft Glaubensmuster in uns tragen, die uns nicht wirklich vorwärtsbringen, ja sogar daran hindern, ein freies, selbstbewusstes und freudvolles Leben zu führen. Falsche Glaubensmuster entstehen meist in der Kindheit durch Vorgaben unserer Eltern oder im Umfeld durch Sätze wie "das kannst du nicht" oder "aus dir wird nie etwas, wenn du dich so anstellst" oder auch "wenn du nicht fleißig oder lieb und brav bist, dann wirst du nicht geliebt" usw. Als Erwachsener denken wir dann selbst so von uns, kritisieren uns oder weisen uns zurecht, weil wir wieder einmal dieses oder jenes nicht geschafft haben oder in unserer Vorstellung zu dumm, zu unfähig oder nicht perfekt genug zu sein meinen. Wir haben die Urteile anderer verinnerlicht. Du wirst sicher merken, dass solcherlei Gedanken und Vorstellungen von dir selbst nicht gerade deinen Selbstwert oder die Eigenwertschätzung stärken. Daher ist es wichtig, diese hinderlichen, mitunter uralten Glaubensmuster und Gedankenprägungen zu erkennen und zu verabschieden. Affirmationen schaffen dann ein positives Ausgerichtetsein und eine aufbauende Vorstellung. Sie stärken den Glauben, dass wir wertvoll sind und das Beste für uns möglich ist und sein darf! Dieses neue Denken macht den Weg frei, um in deinem Leben freudvoll vorwärtszugehen. Durch beständige Bewusstmachung, das Aussprechen positiver Bejahungen und die gefühlsmäßige Vorstellung eines positiven Zukunftsbildes wird es tatsächlich mehr und mehr Wirklichkeit. Denn in Wahrheit bist du der (Mit-)Schöpfer, der Miterschaffer deiner Realität durch deinen Glauben, dein Denken, deine Entscheidungen und dein daraus resultierendes Handeln. Mehr zu diesem Geheimnis des Mitschöpferseins, zur Realitätsgestaltung und Freiheit des Menschen möchte ich in Band 2 dieser Buchreihe behandeln. Dabei wird es praktische Übungen zur "Gedankenhygiene", zum Erkennen und Loslassen falscher Glaubensmuster sowie zur positiven Wirklichkeitserschaffung durch unser Denken, Glauben und Vertrauen geben.

Zu unserer inneren Klarheit, Freiheit und Stabilität, also zur seelischen Gesundheit, gehört auch ein ausgewogener "Gefühlshaushalt". Vielleicht kennst du es als einen Zustand, in dem man mit sich im Reinen ist, in dem man Frieden sät. In Kapitel 1 hast du das Gefühlsfeld, deinen sogenannten Emotionalkörper, kennengelernt. Hier werden alle Gefühle wie Trauer, Wut, Freude, Schmerz, Angst, Verletzungen usw. abgespeichert. Alles, was wir einmal erlebt haben an Verletzungen und Traumata, merkt sich das Gefühlsfeld und zieht tatsächlich später im Erwachsenenalter immer wieder ähnliche Situationen an, um Heilung zu erzeugen. Wir alle wissen, dass negativ abgespeicherte Gefühlserlebnisse in der Regel erst dann geheilt werden oder sich harmonisieren, wenn zum gleichen Thema etwas Freudvolles, Liebevolles erlebt wird, also ein Ausgleich zu den belastenden Erlebnissen stattfindet. Nehmen wir ein Beispiel: Angenommen, du hast in deiner Kindheit ein neues Fahrrad bekommen und steigst mutig auf, während deine Familie oder Freunde zuschauen und du stolz das Fahrrad vorführst. Plötzlich stürzt du, und obwohl du nicht verletzt bist, gibst du ein lustiges Bild ab, die anderen müssen lachen. Du fühlst dich verspottet und schämst dich. Für dich kann das später bedeuten: Immer dann, wenn du etwas vorzeigen oder präsentieren sollst, steigt Angst in dir auf. Die Angst, dich zu blamieren, obwohl es für andere keinen ersichtlichen Anlass dafür gibt. Möglicherweise neigst du zu Vermeidungsstrategien, um diese Gefühle nicht erleben zu müssen.

Das Beispiel zeigt, wie wir emotionale Erlebnisse abspeichern und uns nicht zu wundern brauchen, wenn wir jetzt und in unserem Erwachsenendasein häufig an innere Grenzen stoßen und uns selbst sabotieren, obwohl viel mehr möglich wäre. Hier hilft sehr gut die Arbeit am "inneren Kind". Das heißt, ganz gleich, welche Kindheit wir hatten, wir können an uns arbeiten und uns von Menschen helfen lassen, die dafür geschult sind. Dadurch können wir mehr und mehr verstehen, warum wir sind, wie wir sind, und wie wir belastende Erfahrungen transformieren können, um ein reifer, selbstbewusster, lebensbejahender, reflexiver und mutig vorwärtsschreitender Mensch zu sein. Auch dazu habe ich ein Buch geschrieben. Nun möchte ich dir jedoch gleich zwei einfache Praktiken vorstellen, wie du deinen Emotionalkörper und deinen Mentalkörper reinigen, harmonisieren und ausdehnen kannst.

Praxis: Meditation zur Hygiene des Emotional- und Mentalkörpers

Denke und spüre, wie du dich mit jedem Ein- und Ausatmen mehr und mehr lockerst und entspannst. Mit jedem Ein- und Ausatmen spürst du, wie dein Nackenbereich sich entspannt, deine Schultern, deine Arme, dein Kopfbereich, dein gesamter Rumpf, dein Rücken, dein Bauch, deine Beine, deine Füße und deine Hände. Mit jedem Ein- und Ausatmen entspannst du dich mehr und mehr, bis du das Gefühl hast, dass du in deinen Händen und Füßen den Energiefluss oder den Blutstrom fließen spüren kannst als angenehmes Kribbeln oder Wärme.

Stelle dir nun bitte vor, dass dich ein Lichtscheinwerfer von oben bestrahlt und du wie mit einem Stromkabel verbunden bist, jetzt verstärkt verbunden bist mit »oben«, mit der Schöpferkraft. Fühle, dass dieses goldene Licht in dich einfließt und einströmt. Bis zu den Füßen lass es einfließen. Nimm es auf! Lass deine gesamte Aura sich befüllen mit diesem Licht, dieser Kraft und dieser Liebe! Gleichzeitig stellst du dir wieder vor, dass aus deinen Füßen Wurzeln herauswachsen, die tief und weit in die Erde hineinwachsen und sich verästeln, weit und tief. Sie schenken dir Erdung.

Bitte nun die Schöpferkraft oder deinen geistigen Helfer, dein höheres Selbst oder deinen Schutzengel um einen Ausgleich deiner realen körperlichen Ebene, also des physischen Körpers und Vitalkörpers (der ersten Auraschicht), indem er eine grüne Brausetablette in diese Schicht hineingibt. Diese grüne Energie verteilt sich langsam, reinigend und heilend zugleich. Sie berührt alle Stellen, die geschwächt, angespannt oder ungesund sind.

Dein gesamtes Vitalfeld wird in hellgrünes Licht getaucht. Dein Feld erfährt dadurch eine Schwingungsanhebung und Heilungsfrequenz. Gleichzeitig lockert, entspannt und befriedet dies deinen Körper. Achte darauf, wo du es am deutlichsten wahrnimmst, wo die Verspannungen am meisten körperlich spürbar sind, wo sich Probleme angesammelt haben und sich nun lösen dürfen.

Dann gehe mit deiner Bewusstheit zu deinem Emotionalfeld, das ungefähr 15 bis 20 Zentimeter um dich herum wie ein Ei angelegt ist. Stelle dir hier vor, dass dein geistiger Helfer eine weiße Brausetablette mit orange-goldener Energie hineingibt und noch rosa Energie. Dadurch wird nun alles in deinem Gefühlsbereich heller, lichter, weiter und leichter. Achte auf Impulse, auf Wörter, auf Begriffe … Du merkst, dass sich jetzt etwas klärt, reinigt und weitet wie zum Beispiel Energien von Neid, Angst, Ärger oder Unruhe und alle dir nicht wohlgesinnten Energien von anderen Menschen – sie dürfen sich lösen oder umgewandelt werden mit Hilfe der Engel.

Ebenso stelle dir nun deinen Mentalkörper vor, die Auraschicht zirka 50 Zentimeter bis einen Meter um dich herum, sie ist geformt wie ein Ei. Stelle dir hier vor, dass weiße und goldene Lichtfrequenzen einfließen. Dadurch wird dein Mentalfeld gereinigt und lichter wie Wolken am Himmel, die sich mehr und mehr lichten, so dass die Sonne durchkommt. Stelle es dir vor. Dies geschieht nun. Gedankengebilde von Ärger, Urteilen und Sorgen etc., die dir in den Sinn kommen von dir selbst und deinem Umfeld, dürfen sich nun auflösen. Nun wird die Farbe Gold für die Reinigung von eigenen begrenzten oder begrenzenden Sichtweisen eingeschwungen sowie Regenbogenfarben als Verbindung zur Weisheit deines höheren Selbst und zur Schöpferkraft.

Nun breiten sich wohltuende und heilsame Energie aus. Dazu wird eine weiß leuchtende Brausetablette, die größer ist als die anderen, hineingegeben, damit dein gesamtes Feld sich mit klarer Kraft reinigt, befreit und hinderliches Gedankengut sich löst. Diese Bereinigung weitet dein Mentalfeld spürbar, und du bekommst verstärkt Zugang zur Quelle und ebenso zur Fülle von Mutter Erde. Vielleicht spürst du es im Bereich der Schläfen, im Kopf, im Nacken etc. als Ausdehnung oder leichten Druck. Achte auf Gedanken, Wörter und Erkenntnisse.

Stell dir nun vor, wie all deine Körperflüssigkeiten gereinigt werden. Setze die Absicht oder bitte darum, dass nun »Wasserreinigung« in dir geschieht, und achtete darauf, was du dabei wahrnimmst. Dann denke: »Ich bin das Ich-Bin. Ich bin in der Wahrheit. Und ich bin das Licht, die Liebe und die Kraft meines Schöpfers auf Erden.« Gott ist inwendig in dir. Er ist die Wahrheit in dir. Lass diese Gewissheit sich in dir ausbreiten … Jetzt reicht dir dein geistiger Helfer eine Schale mit einem Gegenstand für dich darin oder einem Zettel. Darauf steht etwas oder er drückt aus, was für dich im Moment gerade am wichtigsten ist zur Reinigung deines Körpers, Mentalkörpers oder Emotionalkörpers. Was will er dir zeigen? Was kommt dir in den Sinn? Was würde helfen? Nimm es einfach wahr und merke es dir. Abschließend bedanke dich bei deinem Höheren Selbst, bei der Schöpferkraft und den geistigen Helfern und gehe langsam wieder aus der Meditation heraus.

Praxis: Übung zur goldenen Energiefeldklärung und -weitung

Die geistige Welt hat mir eine zweite, kürzere Übung übermittelt, die sie uns zur täglichen Praxis ans Herz legt. Wenn dich diese Übung anspricht, dann entscheide dich dafür, sie in deinen Tagesablauf einzubauen. Sei es dir wert! Nimm dir dafür jeden Tag möglichst zur selben Zeit ein paar Minuten an einem geschützten Ort. Sammle und entspanne dich für ein paar Atemzüge auf eine Art, wie es dir angenehm ist. Dann aktiviere deine Vorstellungskraft, indem du deine Aufmerksamkeit nach innen lenkst. Visualisiere um dich herum deinen Emotionalkörper, dein Gefühlsfeld.

Sobald du dieses Bild aufrechthalten kannst, stelle dir weiter vor, dass nun wunderschönes, warmes, golden-orangefarbenes Licht in dieses Gefühlsfeld einfließt. Nimm diesen Lichtstrom dabei wie ein liebevolles »Saubermachen« wahr. Es wird alles geklärt, was dich emotional derzeit getriggert hat. Vielleicht kannst du es dir tatsächlich wie eine große goldene oder orangefarbene weiche Bürste in der Waschanlage vorstellen. Lass dieses Licht oder diese Bürste so lange in deinem Gefühlsfeld wirken und arbeiten, bis du spürst, dass es leichter wird. Du beginnst, Dinge loszulassen. Vielleicht siehst du, wie etwas abfließt. Vielleicht spürst du, wie der Druck allmählich nachlässt.

Sobald du dich entspannter oder ruhiger fühlst, lass das golden-orangefarbene Licht abklingen. Stelle dir nun das größere Mentalfeld um dich herum vor. Halte es in deinem Fokus. Dann lasse nun, ähnlich wie zuvor, hier Licht einfließen. Diesmal fließt angenehm helles, weißes Licht ein. Lasse es sich überall verteilen, dein Gedankenfeld durchströmen und klären. Wenn du magst, stelle dir vor, wie sich über dieses Licht Frequenzen von Klarheit, Weisheit und Schöpferkraftverbindung in deinem Energiesystem verteilen. Lass diese Qualitäten in dein Feld einschwingen. Lass das weiße Licht so lange wirken, bis du beginnst, die Ruhe und Entspannung auch in deinem Kopf, in deinem Denken zu bemerken. Zum Schluss klingen auch diese Vorstellungen wieder ab, du öffnest die Augen und bist wieder ganz im gegenwärtigen Moment angekommen.

Spürst du, wie diese Art der Meditation in deinen Energiefeldern, in deinem Gefühlshaushalt und deinem Denken mehr und mehr Ruhe und Klarheit bewirkt? Wie du mehr zu dir findest und allmählich in die Lage versetzt wirst zu unterscheiden, was einerseits aus deinem (höheren) Ich heraus klar erkannt und selbst bestimmt wird und was dir andererseits von außen »eingeflüstert« wird? Diese Eigenbestimmung im Unterschied zur Fremdbeeinflussung betrifft natürlich auch deine Gesundheit. Schauen wir uns das Thema Gesundheit noch näher an.

Kapitel 4

Gesundheitsvorsorge mit allen Sinnen

Gesundheit und Erkenntnis – die kostbaren Güter

Gesundheit, so haben wir erkannt, ist nichts, was wir einfach in der Apotheke "kaufen" können. Wir sind eben keine Maschinen, die einfach nur den richtigen Füllstoff und gelegentliche Wartung benötigen. Wir sind viel mehr, bestehen sozusagen aus mehreren Schichten, sind Körper, Seele und Geist. Und alles hängt auf wundervolle Weise miteinander zusammen. Das wahre Ich oder Höhere Selbst kann durch Übung und inneres Wachstum und dank feiner innerer Sinne immer mehr den Überblick über dieses Gesamtkunstwerk haben und steuernde, heilsame Impulse setzen für eine gesunde Entwicklung. Diese Einsicht gibt uns zweierlei: einerseits die Freiheit und die Möglichkeit, selbst für uns tätig zu werden. Und andererseits auch die Verantwortung dafür. Wir können letztlich die Verantwortung für unser Wohlbefinden, für unseren Zustand an niemanden abgeben, nicht an Ärzte oder Psychologen und auch nicht an Heilpraktiker. All diese Menschen leisten oft hervorragende Unterstützung, die wir auch annehmen können und sollen. Die Verantwortung aber bleibt bei uns. Nur wir kennen uns als Individuen wirklich, sofern wir bereit sind, uns mit unseren inneren Sinnen wahrzunehmen und zu erkennen.

Nutzen wir diese Handlungsmöglichkeiten! Dabei heißt Handeln manchmal auch nicht zu handeln, also loszulassen, abzuwarten. Vielleicht kennst auch du das Gefühl, dass gerade dies uns so schwerfällt. Dabei ist es oft die innere Haltung, die das Entscheidende bewirkt: Wenn wir beginnen, uns unsere Themen mit offenem Herzen anzuschauen, unser Leben unvoreingenommen und gleichzeitig liebevoll zu betrachten. So werden wir innerlich klar, ehrlich, selbstehrlich. Selbsterkenntnis ist das große Wort dafür. Das Schöne daran ist, so habe ich es erlebt, dass dies immer weiter und tiefer gehen kann. Denn dann sehen und spüren wir nicht nur, wie es unserem Körper geht. Wir fühlen uns auch in unseren Emotionalkörper (was wir fühlen) ein, erkennen Muster, wir tasten uns in unseren Mentalkörper vor (was wir denken), erkennen Prägungen und stoßen letztlich bis zu unserem Wesenskern vor (Spiritualkörper oder das geistige Selbst). Dort beginnen wir zu staunen darüber, wer wir wirklich sind. Welches Potenzial und welche Einzigartigkeit wir mitbringen.

Erst wenn wir immer mehr im Einklang leben mit diesem Wesenskern und all unseren Anteilen, sind wir ganz. Und nichts anderes bedeutet das Wort "heil". Heilung ist Ganzwerdung. Und mit dieser Ganzwerdung gehen immer auch Freude, Erkenntnis und Klarheit einher. Der Weg mag manchmal holprig sein. Tränen, Wut und Angst können auftreten. Doch wir können sie annehmen und hindurchgehen. Du wirst spüren, dass es mit etwas Übung in dieser "Aufräumarbeit" mit der Zeit immer leichter wird. Und wenn du zwischendurch meinst, nicht weiterzukommen, dann denke daran, dass du dir natürlich Hilfe holen kannst. Aber dass auch dein Körper dir hilft. Du kannst immer wieder zu deinem physischen Körper (und deinen energetischen Körpern) zurückkehren und ihn befragen. Beginne, tiefer zu atmen. Lasse zu, dass du deinen Körper spürst. Auch die Natur hilft dir dabei. So möchte ich dir in diesem Kapitel einige einfache und doch so wichtige Anregungen geben für eine eigene Gesundheitsvorsorge und Gesundheitsfürsorge. Und zwar angepasst an die aktuelle Zeit. Außerdem möchte ich dir Einblicke in "energetische" Gesundheitsfürsorge ermöglichen, direkt aus meiner Praxis. Zuerst kommt jedoch erneut die geistige Welt zu Wort, die uns helfen möchte, die praktischen Hilfestellungen wieder aus einem größeren Blickwinkel zu betrachten.

Was bedeuten Gesundheit und Wohlbefinden für die Jetztzeit?

»Gesund ist derjenige, der gelernt hat, sich wohlzufühlen, also wohl zu stehen mit dem, was er braucht und was ihn ausmacht. Eigengesundheitsfürsorge heißt zu erkennen, was das innere Bauchgefühl und die Intuition sagen. Lernt gerade für eure Gesundheit, nicht nur über den Verstand zu gehen. Es ist so wichtig, dass ihr begreift: Ihr seid körperliche UND geistige Wesen. Das körperliche Spüren ist wichtig, ebenso wie die Entfaltung eures Geists und eures freien Willens. Vergesst das nicht und lasst euch nicht vernebeln! Denn ihr seid keine Maschinen, sondern Menschen, die sich dessen bewusst sein sollen. Bleibt selbstbestimmt und lasst euch nicht immer mehr in eine Welt drängen, in der nur das Sichtbare und Messbare, Zwang- und Kontrolldenken das Wichtigste ist.

Wenn ihr euch dessen immer mehr bewusst werdet, versteht ihr, dass der Mensch nicht nur aus dem physischen Körper besteht, sondern feinstoffliche Felder hat, die Aura. Gerade euer Gefühlsfeld und euer Gedankenfeld spielen – wie ihr schon gesehen habt – für die Gesundheit eine große Rolle. Wirklich gesund zu sein, heißt, das Menschsein zu erkennen und zu hegen und zu pflegen. Und den Menschen, wir wiederholen uns, weil es so wichtig ist, macht mehr aus als nur sein Körper, auch wenn dieser weise erschaffen wurde. Wie oft wird gerade in eurer Zeit verkannt, dass das Gesundsein nur möglich ist, wenn alle Ebenen, Körper, Geist und Seele, im Einklang sind und zur Entfaltung gelangen. Nicht von ungefähr gibt es viele Menschen mit ›psychosomatischen‹ Problemen, die nicht wissen, woher bestimmte Symptome kommen, da Ärzte nichts finden können, obwohl der Betreffende sich krank fühlt oder bestimmte körperliche Reaktionen zeigt. So klagen zum Beispiel Menschen bei Streitigkeiten oder wenn sie

Mobbing erleben über Schlafstörungen, Magenprobleme usw. Hier leidet die Seele. Und das wirkt sich auf den Körper aus.

Der Mensch der Zukunft und der Gegenwart tut gut daran, sich damit zu beschäftigen, was ihn ganz und heil sein lässt und wie er Dinge vermeidet, die ihn krank machen. Dazu ist es aber notwendig, dass viel mehr Menschen verstehen, dass die Körperreaktion nur das Endresultat ist, das Symptom. Dahinter liegt viel mehr als das, was sichtbar und messbar ist. Schon das ›Leben‹ ist nicht sichtbar. Auch wenn hellsichtige Menschen Spuren der Lebenskräfte im Vitalkörper der Aura wahrnehmen. Dabei sind diese Lebenskräfte eines eurer wichtigsten Güter für die Gesundheit, für das Menschsein. Habt ihr schon einmal darüber nachgedacht, woher diese Lebenskräfte stammen? Und wie ihr sie erhaltet und immer wieder neu auftankt oder reinigt?

Der achtsame Mensch in der Jetztzeit und in der Zukunft beschäftigt sich mit der Ernährung und weiß, dass schon lange nicht mehr alles gut ist für seinen Körper, da die Nahrung oft kaum mehr Lebenskräfte enthält und weil genmanipulierte Nahrung oder Zusatzstoffe krank machen oder Allergien auslösen können. Auch die bei euch beliebten, weil so schnell zubereiteten, Fertiggerichte sind wenig geeignet für euch. Die jüngeren Menschen unter euch achten instinktiv oder intuitiv schon mehr auf frische Nahrung oder frische Säfte aus dem Garten oder aus biologischem Anbau.

Wer durch Stress krank wird und vor lauter Grübeln nicht schlafen kann oder nervlich sehr angespannt ist, kann erkennen, dass es auch ungesunde Gedanken gibt. Entweder viel zu viele Gedanken oder wenig förderliche Gedanken, die sich endlos in eurem Kopf drehen. Ein solches Mentalkarussell erzeugt in euch zum Beispiel die Vorstellung, dass ihr nicht alles geschafft habt. Ihr kennt dies als Perfektionismus oder Leistungsdruck. Dieses Denken bringt ebenso Erkrankungen hervor wie zu viel emotionales Durcheinander und ein Zuviel an Medienkonsum.

Da der Mensch nun aus diesen verschiedenen Ebenen besteht, braucht ihr auch Nahrung für all diese Ebenen. Am besten ist, ihr versteht, dass die Natur alles hat, was ihr braucht: sei es zum Essen, sei es zum Sehen, zum Spüren und Anfassen und zum Lauschen, Schmecken und Riechen. Sie bietet euch Nahrung für den Körper, für die Sinne, für die Seele und, wenn ihr ihr in rechter Weise begegnet, auch für den Geist. Auf diesen verschiedenen Ebenen kann die Natur euren Hunger stillen. Das ist der Ursprung, den ihr verstehen solltet! Immer sind der Wald und die Natur allgemein eurer Freund und sind gleichzeitig sozusagen auch Nahrung für eure Energiefelder und eure Sinne. Der Wald reinigt, klärt und harmonisiert alle Chakren und alle Energieschichten, stärkt und beruhigt euch. Wendet euch also mehr der Natur zu. Dankt ihr dafür. Und begreift, wie wichtig es ist, dass ihr euch besinnt und euch diese Zusammenhänge bewusst macht. Sorgt im Austausch dafür, die Natur gesund zu erhalten. Die Natur kann ohne den Menschen existieren, denn sie wird sich immer wieder erneuern und den Gegebenheiten anpassen, aber der Mensch braucht die Natur zum Leben.

Es gibt für eure verschiedenen Wesensebenen auch verschiedene therapeutische Möglichkeiten, vor allem im mentalen und emotionalen Bereich, um belastende Dinge, die ihr erlebt habt, aufzuarbeiten oder um eure Felder zu reinigen und zu klären durch Maßnahmen wie systemisches Stellen, therapeutische Beratungen aller Art, Heilanwendungen wie Kinesiologie, Energiearbeit, Qi Gong, Yoga sowie Sport und vielfältige energetische Hilfsmittel. Sucht euch also das heraus aus diesen unzähligen Möglichkeiten, was euer Körper-Geist-Seele-System stärkt, klar und gesund macht. Dann werdet ihr euer inneres Licht strahlen lassen können und eine innere Zufriedenheit haben, die die wenigsten von euch noch kennen.«

Fallbeispiele aus der praktischen Auratherapie

Unter den verschiedenen Therapien, Gesundheitspraktiken und energetischen Heilweisen gibt es auch die Methode der sogenannten Auratherapie oder Heilarbeit mit den Chakren. Gerade die Arbeit an den einzelnen Energiezentren, die für unser Wohlbefinden so wesentlich sind, lernen nun immer mehr Menschen kennen und öffnen sich dafür. Sie ist eine sehr wertvolle Hilfe sowie in gewissem Umfang auch Selbsthilfemethode, die auch dir offensteht – quasi ein erster Schritt zur Energiearbeit. Ich selbst praktiziere seit über 20 Jahren eine umfassendere bzw. tiefgehendere Methode der Auraheilarbeit oder Auratherapie. Das ist eine Gabe, für die ich sehr dankbar bin.

Bei dieser Arbeit verbinde ich mich innerlich mit der Schöpferkraft und den geistigen Helfern und sehe dann das menschliche Energiefeld und die Schwachstellen in Form von Flecken, Dellen, grauen Feldern, einem Zuviel bzw. Zuwenig an Energie oder einer Falschdrehung der Chakren. Ich bin meiner geistigen Führung sehr dankbar, dass ich dazu stets die jeweilige Bedeutung der Bilder und anderer Wahrnehmungen in der Aura, und zwar die individuelle Bedeutung für den einzelnen Klienten, erfahren darf. Gleichzeitig erkenne ich eventuelle Ursachen von Störungen und Blockaden in der Vergangenheit, also in der Kindheit oder weiter zurück in vorangegangene Inkarnationen. Ebenso interessant sind, falls die Zeit reif dafür ist, die Einblicke in die Potenziale und Qualitäten, die der Einzelne in früheren Zeiten schon gelebt hat, oder in sein damaliges Wissen, um eine Verbindung zur Gegenwart herzustellen. Auf diese Weise kann das in der Vergangenheit positive Erworbene als Kraft und Ressource ins Hier und Jetzt integriert werden.

Im Folgenden möchte ich dir drei Fallbeispiele aus meiner Praxistätigkeit schildern. Sie sollen dir zum einen zeigen, wie praktische Auraarbeit funktionieren kann und welchen großen Bezug zum Alltagsleben sie hat, und zum anderen sollen sie gerade das Thema der Sinne, Empfindungen und Wahrnehmungsfähigkeit in den Mittelpunkt rücken.

1. Fall: Körperwahrnehmung, Gesundheit und Wertbewusstsein

Eine Patientin, nennen wir sie Sandra K. (38), kommt mit dem Thema, dass sie völlig erschöpft sei und sich permanent unter Druck fühle, obwohl andere ihr gar keinen Druck machen würden. Körperlich schlägt sich diese Anspannung nieder in Magenschmerzen bzw. einem flauen Gefühl sowie einer Reihe von Nahrungsmittelallergien. Nachdem sie bereits einige Behandlungsmethoden ohne nennenswertes Ergebnis ausprobiert hat, kommt sie zu mir mit dem Wunsch, an die Ursache der Symptome heranzukommen, denn sie erkennt bereits einen Zusammenhang zwischen ihren gesundheitlichen Themen und dem seelischen Aspekt, sich selbst unter Druck zu setzen. Daraufhin erkläre ich Sandra, dass es in einem ersten Schritt darum geht, das eigene Körpergefühl zu verbessern. Das heißt, sich selbst, die eigenen körperlichen Empfindungen und Sinneseindrücke wieder deutlicher wahrzunehmen. Ich frage Sandra gezielt, ob es oft vorkomme, dass, z. B. wenn sie hungrig, durstig oder müde ist, sie dieses Gefühl übergeht und weiterarbeitet. Dieses Gefühl, so Sandra, kenne sie gut.

Ich beschreibe kurz, wie ich arbeite. Indem ich mich in eine innere Sammlung begebe, die ca. eine Minute dauert und mich mit meinen inneren Sensoren und meiner Intuition, mit meinem

Höheren Selbst und meinen geistigen Helfern verbindet, beginne ich, das Energiefeld wahrzunehmen. Systematisch teile ich Sandra nun mit, was ich in der Aura "lese" und sehe und welche Einsichten sich mir zeigen über die Ursachen ihrer Probleme. Der erste Impuls führt mich bei ihr zurück in ihre Kindheit bzw. zu ihren Eltern. Ich erzähle ihr, dass ich sehe, wie sich ihre Eltern einen Buben gewünscht hatten und Sandra unterschwellig stets gespürt hat, dass sie ein Junge sein sollte. Dadurch hat sie heute noch den Erwartungsdruck der Eltern, dass sie nicht richtig und gut genug ist, so wie sie ist und bei dem, was sie tut. Aus diesem nicht greifbaren, aber deutlichen Wertdefizit heraus habe sie gelernt, sich selbst immer mehr unter Druck zu setzen und immer mehr zu leisten, damit die Eltern sie endlich lieben würden. An dieser Stelle der Sitzung ist Sandra sehr berührt und ich gebe ihr Zeit, ihre Gefühle zuzulassen.

Der wichtigste Schritt ist sozusagen das "Umschreiben" der ungünstigen Erfahrung oder Prägung. Geleitet durch meine geistige Führung und mit dem Einverständnis von Sandra darf ich mit ihr wie beim Zurückspulen eines Films in ihre Kindheit gehen. Ich bitte Sandra, sich vorzustellen, dass sie als Erwachsene ihren "damaligen" Eltern gegenübertritt und ihnen sagt, dass sie viel gelernt habe von ihnen und ihnen dafür dankbar sei. Nun aber dürfe sie sie selbst sein und ihr eigenes Leben leben. Um diese achtsame Ablösung zu unterstützen, gebe ich Sandra bestimmte Essenzen oder Schwingungsmittel von mir in die Hand, welche ich intuitiv oder durch meine Helfer benenne. Diesmal ist es vor allem die Essenz "Inneres Kind: ich werde gesehen und gehört". Wesentlich sind in dem Moment die eigenen Wahrnehmungen des Klienten. Ich bitte Sandra also, in sich hineinzuspüren – mit den inneren Antennen – und auf innere Bilder, innere Farben, Körperempfindungen oder Botschaften zu achten. Tatsächlich spürt Sandra fast sofort ein Wärmegefühl in der Magengegend und eine Weitung in dem Bereich dieses Nervengeflechts (Solarplexus). Das freut mich, denn ich kann deutlich sehen, wie sich eben dieses Sonnengeflecht, das dritte Chakra, bei ihr entspannt. Sandra spricht von einer Erleichterung und ihre Körpersprache spiegelt diese wider.

Meistens nehmen die Klienten, obwohl sie gar nicht viel über Essenzen wissen, sehr viel wahr, indem sie die Schwingungsmittel an verschiedene Stellen an ihrem Körper oder in ihrem Energiefeld halten und für ein paar Augenblicke wirken lassen. Neben der unmittelbaren Erleichterung ist dies zugleich eine Wahrnehmungsschulung und eine Ermunterung für die Klienten, auch im Alltag künftig mehr auf ihre Eindrücke, Empfindungen und auf ihre Intuition zu achten.

Dann stelle ich fest, dass in Sandras Mentalfeld, in ihrem Gedankenfeld, ein Glaubenssatz oder eine Art Konditionierung festsitzt, die ihr nicht guttut und gehen darf. In Sandras Fall lautete diese Speicherung: "Wenn ich viel für andere tue und mich bemühe, dann habe ich Freunde und werde geliebt." Das impliziert natürlich, dass, wenn sie weniger leistet, sie weniger geliebt würde. Dieser falsche Glaubenssatz in ihrem Denken darf nun durch Bewusstmachung und Erkenntnis aufgelöst werden.

In meiner Arbeit unterstützen mich auch meine Energiesprays, die ich den Klienten zu bestimmten Themen in die Hand gebe, damit sie spüren. Manchmal lasse ich sie sie auch in ihr Energiefeld sprühen. Diese Art der Sprays für die Aura wirkt auf alle Sinne und auf die Aura ein im Sinne von Harmonisierung. Sandra darf nun als Unterstützung das Auraspray "Mentale Freiheit" sprühen, und wieder bitte ich sie wahrzunehmen, was sie jetzt körperlich spürt, während gearbeitet wird und das Energiespray mitwirkt. Sie beschreibt die Wirkung als eine sofortige Aufhellung und ein Gefühl von Weite um ihren

Kopf herum. Ich kann dieses Gefühl bestätigen, indem ich ihr Energiefeld beobachte. Ich empfehle Sandra dieses Energiespray "Mentale Freiheit" für zu Hause, da sie offensichtlich sehr viel grübelt und es sie im Alltag unterstützen kann, freier und klarer zu werden.

Ich bekomme innerlich durch meine Helfer zwei weitere Themen bei Sandra angezeigt, die aktuell bearbeitet werden können. Zum einen hat sie Knieprobleme, zum anderen ein Falschdrehung im Halschakra. Auch zu diesen beiden Auffälligkeiten kommt die Information, dass Sandras Eigenwert geschwächt ist bzw. sie das Gefühl hat, sie müsse sich ihren Wert verdienen, indem sie sich anderen anpasst und sich deren Meinung beugt. Als das Halschakra und die Knie bearbeitet werden, spürt Sandra ein kräftiges Kribbeln in den Füßen und Kniekehlen und beschreibt es so, dass sich eine Blockade löst. Sandra ist selbst erstaunt, wie stark ihre Empfindungen sind und freut sich über eine neue Leichtigkeit in ihrem Inneren. Freilich gilt es, dieses neue Gefühl einzuüben und auch weiter gut für sich zu sorgen und dem eigenen Spüren zu vertrauen.

Ich gebe Sandra die Halschakraessenz und eine Bachblütenessenz, um besser nein sagen und sich besser abgrenzen zu können, in die Hand. Wieder bekommt sie, als sie die Augen schließt und sich auf ihre inneren Sinne einlässt, das Gefühl, wie Anspannung abfließt und sie ruhiger und lockerer wird. Sandra ist dankbar und gestärkt. Eine neue Affirmation darf ihr noch zu ihrem Thema mit auf den Weg gegeben werden: "Ich bin zufrieden mit mir selbst, egal, was andere von mir denken. Ich fühle mich geborgen und stehe mit beiden Beinen fest im Leben."

2. Fall: Karmische Beziehungsarbeit

Ein junger Mann (er soll hier Thomas B. heißen), 45 J., kommt in die Praxis und klagt über große innere Unruhe, Schlafstörungen und Gereiztheit. Als ich ihn frage, ob es in seinem Privat- oder Berufsleben Probleme oder zwischenmenschliche Reibereien gebe, gesteht er mir, dass er seit geraumer Zeit mit einem Kollegen zu tun habe, der ihn "total nervt". Thomas leidet darunter, dass dieser Kollege ständig an ihm "dranhängt" und um seine Meinung bittet. Thomas fällt es schwer, sich abzugrenzen. Gleichzeitig spürt er, dass da "etwas nicht stimmt" und vielleicht mehr dahinterstecken könnte. Tatsächlich ist es so. Sobald ich tiefer in die Bilder, die ich sehen darf, eintauche, erkenne ich ein karmisches Thema. Thomas und sein jetziger Kollege waren in einem früheren Leben einmal Freunde, wandelten sich beruflich jedoch zu Konkurrenten im Teppichgeschäft. Der innere Film entfaltet sich mir weiter und ich sehe, dass dieser Freund ihn damals angezeigt hat, um ihn aus dem Geschäft zu drängen.

In diesem Leben wirkten in Thomas' Kollegen wohl unbewusst Schuldgefühle, die dazu führten, dass er sich Thomas gegenüber fast unterwürfig verhielt. Auf Seelenebene wollte dieser Kollege Thomas gegenüber etwas gutmachen. Die aktuelle Situation war für beide dadurch aber angespannt.

In ähnlicher Art wie in Sandras Fall konnten wir gemeinsam den "inneren Film" umschreiben und dank Verstärkung durch die Schwingungsmittel zu Einsicht und Neuausrichtung das belastende Thema ausgleichen. Interessant war für mich, dass nur etwa eine Woche nach Auflösung dieses Karmas sich das Verhalten von Thomas' Kollegen fundamental veränderte. Thomas berichtete mir, dass dieser auf einmal viel selbstständiger sei. Nach zwei Wochen rief mich Thomas noch einmal an und berichtete staunend, dass es für ihn fast an ein Wunder grenze: Plötzlich verstünden er und sein Kollege einander recht gut und beide könnten relativ unabhängig arbeiten. Es sei eine ganz andere Kollegialität.

Für mich sind diese Fälle von Karmaauflösung, die in meiner Praxis immer öfter geschehen, doch immer noch eine Gnade, die wir dankbar annehmen dürfen.

3. Fallbeispiel: Die Sache mit dem Hören, Gehorchen und der inneren Stimme

Eine Patientin, 42 Jahre alt - sie soll hier Claudia F. heißen -, kommt mit Ohrgeräuschen, beginnendem Tinnitus, wie sie von ihrer Ärztin erfahren hat, in meine Praxis. Sie hat zwei kleine Kinder und die Schwiegereltern wohnen im Haus. Nun möchte Claudia die Ursache ihrer Symptome erfahren, zumal sich diese nicht bessern. Im Aurafeld erkenne ich, dass sie viel zu viel zuhört, zu angepasst und verständig ist, so dass ihr kaum Zeit für sich selbst bleibt. Vorsichtig darauf angesprochen, bestätigt Claudia, dass ihr bewusst sei, dass sie viel wahrnimmt. Und sie hätte gerne mehr Zeit dafür, ihren Weg zu gehen, ihrer inneren Stimme zu folgen, die sie immer wieder zum Malen auffordern würde. Vor ihrer Ehe hat Claudia wohl viel gemalt und auch erfolgreich Bilder verkauft. Sie wünscht sich, wenn die Kinder älter sind, wieder daran anzuknüpfen. Claudia gesteht, sie sei einerseits traurig und überfordert, andererseits möchte sie eine gute Ehefrau und Mutter sein. In ihrem Energiefeld nehme ich die Merkmale wahr, die auf ein sogenanntes "Helfersyndrom" hindeuten. Das impliziert, dass immer erst alle anderen an die Reihe kommen, auch Freunde und Bekannte, und dass Claudia nie gelernt hat, ihrem inneren Gefühl und ihrer inneren Eingebung zu folgen, obwohl sich diese immer wieder in Träumen sowie im Alltag bemerkbar machen.

Ich gebe ihr die Essenz "Gehörsinn" aus der Essenzenreihe "Essenzen für die Sinne" in die Hand und bitte sie, das Fläschchen an das rechte Ohr zu halten und auf Wahrnehmungen im Kopf-, Hals- oder Ohrbereich zu achten. Claudia spürt eine deutliche Wärme und hat den Eindruck, als ließe das Geräusch nach. Daraufhin bitte ich sie, die Essenz an das linke Ohr zu halten – und hier stellt sie sofort eine Intensivierung des Ohrgeräusches fest. Der Tinnitus sei in diesem Ohr ohnehin immer stärker, erklärt sie. Auf einen Impuls hin reiche ich ihr ein Auraspray mit dem Namen "Indigokind-Spray". Dieses Schwingungsmittel sprüht sie über ihren Kopf in die Aura und lässt es dann durch Halten auf das Solarplexuszentrum einwirken. Im Zusammenklang mit der Sinne-Essenz am Ohr spürt Claudia nun eine deutliche Verbesserung: weniger Geräusch, mehr Klarheit.

Das Indigokind-Spray kommt häufig für Erwachsene und Kinder zum Einsatz, die sehr "spürig" oder feinfühlig und dabei vielfach auf andere Menschen fixiert sind. Es sind dies Menschen, die stets helfen wollen und sich um andere bemühen, aber sich dabei völlig vergessen. Sie haben gelernt, dass Nächstenliebe das Wichtigste ist. Auch wenn das ein gute Eigenschaft ist, gilt gleichzeitig: Wer sich selbst liebt und achtet, kann auch andere besser wertschätzen und achten. Andernfalls erwartet man von anderen oft zu viel und verlangt sich selbst zu viel ab.

Claudia bekommt eine Mischung aus verschiedenen Schwingungsmitteln wie "Helfersyndrom auflösen", "bei sich bleiben können", "Abgrenzung" und die Empfehlung, das "Indigokind-Spray" zu verwenden.

Bei ihrem nächsten Besuch in der Praxis erzählt Claudia, dass sie trotz aller Anforderungen nun begonnen habe, sich einen Nachmittag in der Woche freizunehmen, um einen Malkurs zu belegen. Sie habe beschlossen, ihr Potenzial, nämlich das Maltalent, nicht untergehen zu lassen, und außerdem erkannt, dass ihr diese Beschäftigung einfach guttut. Auf das Geräusch im Ohr angesprochen, das sie fast vergessen hatte, bestätigte sie, dass das linke Ohrgeräusch sich merklich gebessert habe, ja fast verschwunden sei, wofür sie dankbar sei. Gerne möchte sie nun weiterarbeiten, um ihre Verhaltensmuster immer besser zu erkennen und wenn möglich zu ändern, nicht zuletzt damit das rechte Ohrgeräusch sich ebenfalls verabschieden darf.

Bewegung, Ernährung,
Natur, innere Balance

Ich werde nicht müde zu betonen, dass die ganzheitliche Gesundheitsfürsorge und Besinnung auf gesundes Menschsein nicht erst bei Auratherapie beginnt und auch nicht bei ihr endet, was für viele oft nur ein schönes Abenteuer ist. Die Erfahrung hat gezeigt: Wenn der Einzelne nicht die Einsichten und Hinweise, die aus einer solchen Sitzung hervorgehen, in sich aufnimmt und in seinem Leben mehr und mehr umsetzt, dann versäumt er oft das Wichtigste. Denn meistens haben die Erkenntnisse sehr viel mit dem "echten Leben" zu tun. Und wenngleich man durch die Auratherapie viel Wandlung, Auflösung, Hilfe und Erkenntnis erlebt, so gibt es auch ohne Auraarbeit so viele wertvolle Aspekte, die du sofort beginnen kannst, zu beherzigen und in dein Leben zu integrieren. Immer geht es dabei darum, mehr zu dir zu kommen, deine vitalen Kräfte aufzubauen, Schwächen im Energiefeld auszugleichen, in gesunde innere und äußere Bewegung zu kommen; innere Ausgewogenheit, Ruhe, Zentrierung, geistige Klarheit sowie eine gewisse Widerstandskraft, nicht zuletzt Immunstärke (wieder-)herzustellen. Das Naheliegende, die Ernährung, haben wir schon angesprochen. Das Thema ist mittlerweile im Bewusstsein vieler Menschen angekommen und es gibt dazu ausreichend gute Lektüre. Dieses Buch soll nicht noch einen weiteren Ernährungsratgeber darstellen und auch keine Diät vorschreiben. Ich mochte vielmehr zu diesem Thema wieder eine Botschaft mit dir teilen:

»Je natürlicher, desto besser! Lernt zu spüren, welche Kraft in welchem Gemüse und welchem Obst und anderen Gaben der Erde steckt. Zu den heute oft verschmähten Schätzen gehört beispielsweise das Wurzelgemüse (alles, was unter der Erde wächst), aber auch vieles, was über der Erde wächst und vom Sonnenlicht sowie allen weiteren Kräften in der Natur zur Reife gebracht wurde. Materiell betrachtet sind das die Ballaststoffe sowie Mineralien, Kohlenhydrate, Fette und Eiweiße. Dahinter stehen verschiedene wesentliche Eigenschaften, Elemente und Lichtschwingungen. Für eine ausgewogene Zusammensetzung seiner Nahrung sorgt ein Mensch mit gesundem Körpergefühl, gesunden Sinnen und Intuition sozusagen ›automatisch‹, weil er diese Qualitäten wahrnimmt. Da sich viele allerdings nicht mehr in einem gesunden, intuitiven Zustand befinden, nährt ihr euch nicht immer auf die beste Weise. Lernt dies wieder neu, nehmt euch Zeit für die Lebensmittel, das Einkaufen, Zubereiten und Essen. Und vergesst die Freude und das Genießen dabei nicht!

Also denkt daran, die Ernährung, die Bewegung und der Flüssigkeitshaushalt, die Wasserzufuhr, sind lebensnotwendig. Diese Dinge machen einen gesunden Vitalitätskörper aus. Erkennt dies und sorgt dafür, dass diese Bereiche ausreichend abgedeckt sind. Habe ich ausreichend Sauerstoff und frische Luft? Wie ist meine Atmung? Achtet darauf, wie und was ihr einatmet. Und auch darauf, wie ihr ausatmet. Ihr wisst, dass eure Atemluft nicht mehr so gut ist wie in früherer Zeit. Aber ihr könnt versuchen, mit der Natur zu korrespondieren. Das heißt, geht in die Natur, in den Wald, an die Flüsse, in die Wiesen oder Berge und erkennt den Nutzen und das Wohlempfinden, das ihr daraus zieht, lasst euch darauf ein, öffnet eure Sinne dafür. Spürt die gesunden, energiespendenden Felder der Pflanzen, den Ausgleich über die Elemente und über Mutter Erde selbst!«

Auch die Wissenschaft spricht heute von wohltuenden Negativionen, die man beispielsweise am Meer, an Wasserfällen, im Gebirge, aber auch auf Wiesen und Feldern messen kann. Und unter dem neumodischen Wort des Waldbadens lebt heute auf, was alte Heilkundige immer schon wussten: Natur spendet Energie. Ganz real. Sie ist Nahrung für uns. Für unseren physischen und vitalen Körper und, wie dir sicher auch deine eigene Erfahrung zeigt, auch für die Seele. Schließlich kann ein bewusster (!) Spaziergang im Grünen den Kopf freimachen und vermag den Geist zu beflügeln.

Von Sinnlichkeit, Übersinnlichkeit und einem Morgenritual mit allen Sinnen

Wie wachst du am Morgen auf? Bist du klar, präsent und bei Sinnen? Viele Menschen wachen bereits in der Frühe nicht mehr wirklich auf. Das heißt, sie sind entweder ein wenig dumpf und brauchen beispielsweise erst "ihren Kaffee" oder anderes, um vermeintlich wach zu werden. Oder sie sind gleich nach dem Aufwachen bereits in ihr übliches Alltagsdenken ("Mental-karussell") eingesponnen und nehmen die Welt um sich herum nicht wirklich wahr. Dabei ist doch jeder neue Tag ein Geschenk!

Wenn wir bedenken, dass unser Zustand in der Frühe beim Er-wachen eine maßgebliche Rolle spielt für unsere Ausrichtung den Tag über, dann lohnt es sich, diesem Moment mehr Auf-merksamkeit zu schenken. Denn sonst geht es dumpf oder mit schwirrenden Gedanken den lieben langen Tag so weiter. Was hilft also? Wieder sind es unsere Sinne, die uns in die Gegenwart zurückholen, die uns Wachheit und Klarheit schenken können. Ich empfehle ein kleines Morgenritual für die Sinne. Das heißt nichts anderes, als die Dinge bewusst wahrzunehmen und be-wusst zu tun.

Wenn du also die Augen aufschlägst, nimm die Eindrücke einmal bewusst wahr. Hörst du Vogelstimmen von draußen? Lausche einen Moment und freue dich daran. Spürst du die Wärme des Bettes, genieße es noch einmal bewusst, ehe du dich ebenso bewusst für das Aufrichten und Aufstehen entscheidest, beispielsweise den Holzboden unter deinen bloßen Füßen spürst. Wenn du unter der Dusche stehst, kannst du das Element Wasser einmal deutlich empfinden. Wenn du im "Vorübergehen" deine Katze streichelst, tue dies doch mit mehr Aufmerksamkeit, wende dich ihr zu, spüre ihr Fell, empfinde ihr Wesen. Diese

Beispiele mögen manchem banal erscheinen. Doch tust du all dies bewusst? Lässt du dich von deinen Sinnen immer wieder in den gegenwärtigen Moment führen? Eine kleine Anmerkung sei erlaubt, dass uns die Sinne freilich auch ablenken oder in die Zukunft locken können. Dann nämlich, wenn wir unsere Konzentration von einer Sache abziehen lassen. Oder wenn sich sinnliche Wahrnehmung mit Gier oder anderen Untugenden mischt. Die Sinne öffnen uns ja auch der Sinnlichkeit. Heute versteht man darunter fast nur noch Erotik. Oder vielleicht das Schlemmen. Zum Irdischen gehört die Sinnesfreude hinzu, vom Genuss eines liebevoll zubereiteten 3-Gänge-Menüs bis zu Zärtlichkeit und heißen Liebesnächten. Diese Sinnlichkeit ist ein Geschenk im Erdenleben. Es ist die freudvolle Teilhabe am Leben mit allen Sinnen. Genießen wir es! Feiern wir diese Facetten unseres körperlich-sinnlichen Daseins, solange die Begierden uns nicht in der Hand haben, uns steuern und uns vergessen lassen, dass wir aus Körper UND Seele UND Geist bestehen. Balance und das rechte Maß sind die Zauberwörter.

Denn wenn wir es übertreiben oder uns "fernsteuern" lassen vom physischen Verlangen, sind wir nicht länger im Auskosten des Moments, sondern in einem Trieb, Getriebensein oder in Suchtmustern gefangen. Hier hilft es, wenn du dich auf dein inneres Wesen, dein Höheres Selbst besinnst, welches stets die Führung behalten soll in deinem Wahrnehmen, Denken, Fühlen und Tun. Wie schon mehrfach gesagt: Es ist eine Frage des Bewusstseins und der willentlichen Entscheidung. Wie viel Bewusstheit und Achtsamkeit lege ich in all meine Lebensäußerungen hinein? Mit wie viel Bewusstheit wende ich mich der Welt zu? Meiner Erfahrung nach kann ein Ritual für die Sinne helfen, diesen achtsamen Umgang zu trainieren.

Mein Morgenritual in Kurzform beinhaltet je eine bewusste Wahrnehmung pro Sinnesorgan: Etwas sehen und wirklich schauen (zum Beispiel das Eichhörnchen, das am Baum vor meinem Fenster klettert). Etwas hören und wirklich lauschen (die Musik aus dem Radio, das ich nur dann einschalte, wenn ich wirklich bereit bin zuzuhören). Etwas schmecken und wirklich auskosten (den Bio-Waldbienenhonig auf meinem Brot). Etwas riechen und bei Wohlgefallen einsaugen (den würzigen Duft meines Kräutertees oder eben das bitter-süße Aroma meines Kaffees). Etwas spüren mit Haut und Haar – und Herz (die Umarmung meines Partners, ehe sich unsere Wege für den Tag trennen). Damit nährst du Körper, Seele und Geist jeden Tag.

Dazu sagt die Engelwelt:

»Was ist für euch Nahrung für die Sinne? Wie gibst du ›den Sinnen‹ Nahrung? Wie bewusst lebst du Sinnlichkeit und Sinnhaftigkeit? Der Mensch ist gesund, wenn er alle seine sieben Sinne beisammen hat. Sorgt dafür, eure Sinne zu schärfen und gut zu nähren. Dazu gehört auch, dass die Sinne nicht abstumpfen und nicht überreizt werden, dass sie immer wieder verstärkt, trainiert, verfeinert und genährt werden.

Stellt euch dazu eine kurze Übung am Morgen vor: Stelle dir vor, dass du erwachst und in deiner Vorstellung gute Morgenluft einatmest oder einen Blütenduft, der dich belebt. Dann stelle dir den Duft von Kaffee oder von Tee, wie z. B. Pfefferminztee, vor. Fühle nun, wie gut es tut, am Morgen ein heißes Getränk zu trinken. Fühle aber ebenso, wie wohl es tut, beim Aufwachen ein freudiges Gefühl im Herzen zu haben. Zum Beispiel, weil du dankbar bist, dass es dir gut geht und du den Tag begrüßt mit folgenden Sätzen: ›Ich fühle mich frei, froh und glücklich!‹ Erinnere dich an eine schöne, glückliche Situation oder stelle dir vor, dass es der beste Tag in deinem Leben wird, dass du beispielsweise schöne, erfolgreiche oder liebevolle Erlebnisse und Begegnungen haben darfst. Sage dir: ›Ich bin zufrieden und dankbar. Und ich freue mich auf diesen Tag, der mir von Gott geschenkt ist.‹

Dann stelle dir weiter vor, dass du jemanden umarmst, den du gerne hast, oder mit jemandem lachst und dich emotional aufgehoben fühlst. Lausche nun nach innen und bitte dein göttliches Höheres Selbst um Antwort auf eine Frage, die du innerlich stellst. Oder frage, ob etwas wichtig ist für diesen heutigen Tag. Falls du dazu eine Antwort bekommst, notiere sie. Weiter stelle dir vor deinem inneren Auge vor, dass dir eine Farbe gezeigt wird, die dir heute guttut für dein Energiefeld. Du kannst dir weiter vorstellen, dass du im Sommer auf einer Wiese sitzt und das frisch gemähte Gras riechen kannst und mit den Fingern durch das Gras streichst oder am Strand sitzt und das Meeresrauschen hörst und den Sand zwischen den Fingern spürst. Versuche, dir möglichst viele Details vorzustellen. Wie du barfuß gehst und den Boden unter deinen Füßen spürst. Wie du dein Lieblingsessen isst, wie es schmeckt. Oder trainiere deine Vorstellung von salzigen, bitteren, sauren oder süßen Speisen. Nimmst du wahr, wie dir bei dem Gedanken an etwas Süßes das Wasser im Mund zusammenläuft? Das ist Training, inneres Training der Sinneswahrnehmungen. Schmecke, rieche, spüre, fühle, höre, sieh und stelle dir Dinge vor, ganz bewusst. Dann stelle dir vor, du siehst ein aufgeschlagenes Buch vor dir mit leeren, weißen Seiten. Bitte nun innerlich deinen Schutzengel, dein Höheres Selbst oder deine Seele, dass dir ein Satz oder ein Wort in das Buch geschrieben wird. Einen Hinweis auf das, was im Moment wichtig ist für dich ist. Lerne so, die Intuition zu trainieren. Beginne deinen Tag mit diesem Training – und dann gehe in den Tag. Du kannst diese Übung auch immer nur für kurze Momente machen. In jedem Fall ist es wichtig, mit Achtsamkeit in deiner

Wahrnehmung durch den Tag zu gehen. Es ist vielleicht in hektischen Zeiten nicht immer möglich, aber versuche in einer ruhigen Minute einfach zu beobachten, zu spüren, zu betrachten, zu lauschen, egal, wo du gerade bist.«

»Weilen muss man im Wald, nicht eilen,
horchen nicht nur hören,
schauen nicht nur sehen
und bereit sein zu staunen.«

J. W. v. Goethe

Siehst du, wie sich so spielerisch – mit ein wenig Disziplin und Training – "Sinn und Sinnlichkeit" verbinden, die Sinnlichkeit zur "Übersinnlichkeit" führt, zu Imagination und Intuition?

»Der Weg zu dem Geiste ist den
Menschen aufgetan in den Sinnen.«

Friedrich Schiller

Abschließend erläutert die geistige Welt, wie Sinne und Gesundheit zusammenhängen:

»Versucht euch vorzustellen, dass ihr alle aus verschiedenen Ebenen besteht, aus verschiedenen Bereichen. So wie ihr schon wisst, besitzt ihr verschiedene Körper und die Chakren, welchen auch Sinne zugeordnet sind. Indem ihr eure Sinne trainiert und eure Bewusstheit steigert, stärkt und verfeinert, so klärt ihr auch eure Körper, eure Schichten. An dieser Gesunderhaltung sind die Sinne maßgeblich beteiligt. In eurer Medien- und Konsumgesellschaft werden eure Sinne und darüber eure Körper und eure Aura überfüttert und das weise Gleichgewicht gestört. Es entsteht wie auf der Festplatte eines Computers, nur viel feiner und lebendiger gewoben in eurem Gefühlsfeld und Gedankenfeld, ein Zuviel an Input. Dadurch könnt ihr euch nicht mehr auf das Wesentliche konzentrieren, habt keine Kraft und keinen Saft mehr für Kreativität, Inspiration und schöpferisches Sein. Diese sind aber notwendig, um nicht nur wie eine Maschine zu funktionieren und Dinge vom Verstand her abzuarbeiten. Wie nun könnt ihr dieses Überfüllte ›reparieren‹, ausgleichen oder gar nicht erst entstehen lassen?

Immer wieder – und eindringlich in eurer Zeit – legen wir euch das regelmäßige Üben für die Sinne, für Achtsamkeit und Gewahrsein ans Herz. Geht in die Stille. So wie ihr doch immer wieder euren Computer ausschaltet, damit er nicht heißläuft, fahrt auch euch selbst herunter, regeneriert und besinnt euch! Wenn ihr dies nicht tut, müsst ihr die ›Festplatte‹ irgendwann komplett leeren. In eurem Sprachgebrauch entspricht dies einem Burnout. Es kann langwierig und schwierig werden, wieder in ein gesundes Gleichgewicht zurückzufinden. Denkt über diese Zeilen wirklich nach, denn die Medizin weiß noch zu wenig, dass dieses alles über die Sinne des Menschen abläuft und die Sinne des Menschen eine große Rolle spielen. Die Sinne sind der Ausgangspunkt für euren individuellen Prozess des Menschseins, um bei euch, in eurer Mitte, bleiben zu können und zu eurem Potenzial zu gelangen, um überhaupt zu eurem Wesenskern durchzudringen, um überhaupt ganz Mensch zu werden. Denkt darüber nach. Nicht mehr und nicht weniger!«

Kompass- und Chakren-Check

Wie kannst du nun dein neues Wissen über die Sinne, die Aura, sprich über deinen inneren Kompass, verbinden mit deinem Alltag und den Themen von Nahrung, Natur, Bewegung und Eigenfürsorge? Ich habe für dich eine Checkliste zusammengestellt. Vielleicht hast du Lust, sie gleich einmal durchzugehen und dir deinen momentanen Status zu notieren. Selbstverständlich kannst du diesen Fragenkatalog immer mal wieder durchgehen, um dich daran zu erinnern, wo du schon recht achtsam mit dir umgehst und Energie aufbaust – und wo noch nicht so sehr. Diese Fragen müssen nicht immer eindeutige Antworten liefern. Sie sollen dich zum Spüren anregen und ein Wahrnehmungstraining sein – und vielleicht auch die Neugier in dir wecken, dich mit neuen Themen zu beschäftigen.

Fragen zum Erkennen von Störungen und Blockaden in den Chakren und der Aura:

Wurzelchakra

Fühlst du dich in der letzten Zeit müde, erschöpft und ausgelaugt? Bist du gut geerdet oder hast du häufig Schwindelgefühle? Bewegst du dich gerne und treibst du Sport? Bist du naturverbunden und in Kontakt mit "Mutter Erde"? Hast du Vertrauen in das Leben und in die Zukunft?

Sakralchakra

Wie sieht es mit dem Antrieb aus? Hast du Lust und Motivation, kreativ zu sein, oder bräuchtest du jemanden, der dir einen Schubs gibt, um in die Gänge zu kommen? Ist dir Sexualität

127

wichtig? Lebst du Sexualität? Kannst du das Leben genießen? Fühlst du dich im Fluss des Lebens? Und trinkst du auch genügend gutes, reines Wasser für die Lebensflüsse in dir?

Solarplexuschakra

Wirst du schnell unruhig, ärgerlich oder gereizt? Fühlst du dich zurzeit unsicher und zurückhaltend? Bist du scheu oder ängstlich? Schlägt dir Stress auf den Magen oder verhärtet sich das Sonnengeflecht, so dass dir tiefe Bauchatmung, Entspannungsübungen sowie die Wärme der Sonne auf deiner Mitte guttun würden?

Herzchakra

Bist du leicht verletzlich, eifersüchtig, traurig oder wütend? Gehen dir emotionale Erlebnisse von anderen recht nahe, so als ob es dich selbst beträfe? Spürst du manchmal eine Enge in der Brust und ahnst, woher das rührt? Und spürst du auf der anderen Seite, was dein Herz weit werden lässt, was dir Herzensfreude und Herzensruhe schenkt – und lebst du danach? Kannst du dein Herz für dich, andere Menschen/andere Wesen und die Welt öffnen? Bist du künstlerisch tätig oder weißt du, was es für dich heißt, dich voll Interesse einem Herzensprojekt hinzugeben?

Halschakra

Kannst du schlecht nein sagen? Wie gut kannst du dich abgrenzen oder verbal durchsetzen? Kannst du dich gut in Worten ausdrücken? Hast du manchmal das Gefühl, dir "den Mund fusselig zu reden" oder dich sonst durch zu viel Reden zu verausgaben? Erlebst du dich im Gegenteil mitunter als wenig redefreudig? Leidest du unter Halskratzen, vielleicht gerade, wenn du eine Ansprache halten oder ein Gespräch führen solltest? Hast du dich schon einmal bewusst mit deiner Stimme beschäftigt? Magst du singen?

Stirnchakra

Sind deine Intuition und dein Verstand im Ausgleich? Oder bist du mehr ein Verstandesmensch und vertraust eher weniger auf deine Intuition? Hast du unerklärliche Ängste oder Wahrnehmungen? Fühlt sich dein Kopf "voll" an oder wie leicht vernebelt? Weiß du, wie du deinen Kopf wieder frei bekommst? Weißt du etwas über deine Zirbeldrüse? Hast du Erfahrung mit Visualisierungen? Oder wie lebhaft sind deine inneren Bilder?

Scheitelchakra

Glaubst du an Gott oder etwas Göttliches oder die Schöpferkraft? Möchtest du dich weiterentwickeln? Bist du offen für spirituelle Dinge oder hast du eher Angst davor? Oder beides? Fühlst du dich im Einklang mit dem Universum? Spürst du eine Verbindung zu deinem Höheren Selbst oder deinem Schutzengel?

Fragen zu den Auraschichten:

Vitalkörper

Hast du körperliche Verletzungen oder Schmerzen an bestimmten Stellen des Körpers? Ernährst du dich gesund? Rauchst du, trinkst du oder nimmst du starke Medikamente ein? Spürst du, welche Nahrung dir Lebenskraft schenkt und wie ausreichend gutes Wasser (stilles Wasser, am besten Quellwasser) auf deine vitalen Kräfte wirkt?

Emotionalkörper

Hast du in letzter Zeit etwas Schlimmes erlebt oder in deiner Kindheit Verletzungen bzw. Erlebnisse gehabt, an die du dich erinnerst und die du bisher nicht vergessen konntest? Gehen dir Erlebnisse meist sehr nah und brauchst du recht lange, um wieder in eine Balance zu kommen? Fällt es dir eher schwer, dich abzugrenzen? Lässt du relativ leicht "deine Knöpfe drücken" von Menschen oder Situationen und kommst dadurch schnell in Wut, Ärger, Aufregung, Unsicherheit oder Niedergeschlagenheit?

Mentalkörper

Gehen dir bestimmte Sätze nicht aus dem Kopf? Ertappst du dich öfter dabei, dich selbst gedanklich niederzumachen und dich nicht wertvoll zu fühlen? Verfolgen dich immer noch bestimmte Sätze, die dein Vater bzw. deine Mutter dir häufig gesagt hat, z. B. dass du nicht gut genug wärst? Kennst du es, dass sich die Gedanken in deinem Kopf fast nicht abschalten lassen oder immer wieder um dasselbe Thema kreisen? Würdest du dein Denken grundsätzlich als eher pessimistisch und sorgenvoll oder als eher zuversichtlich und konstruktiv bezeichnen?

Spiritualkörper

Hast du das Gefühl, dass du von früheren Leben noch etwas aufarbeiten müsstest?

Fragen zu den Sinnen:

Tastsinn

Wie gut ist deine Motorik? Hast du eine gute "Bodenhaftung"? Wie stehst du zum Thema Berührung, Nähe und Distanz? Tust du gerne etwas mit deinen Händen? Ekelt es dich eher davor, natürliche Elemente wie Erde, Pflanzen etc. zu berühren? Nach welchen Berührungen sehnst du dich oder was würdest du gerne wieder einmal berühren?

Sehsinn

Wie gut sind deine Augen, in der Nähe, in der Ferne? Arbeitest du sehr viel am Bildschirm oder neigst du zu erschöpften und trockenen Augen? Bist du dir bewusst, ob du ausreichend blinzelst? Weißt du, welche Farben deine Augen besonders gerne sehen? Hast du schon einmal das "Waldbaden" ausprobiert? Was ist spontan dein Gefühl, was würde deinen Augen guttun?

Gehörsinn

Bist du dir der Geräusche um dich bewusst in deinem Alltag? Und jetzt? Wie geht es dir mit Stille? Kannst du sie aushalten oder sogar genießen? Kannst du dich an den Geräuschen in der Natur erfreuen? Neigst du zu Ohrgeräuschen? Erkennst du einen Zusammenhang zwischen Stress und Ohrgeräuschen? Was würde deinen Ohren guttun? Was würdest du gerne wieder einmal hören? Sehnst du dich nach Stille?

Geschmackssinn

Welches sind deine liebsten Geschmacksrichtungen? Isst du gerne und viel scharf? Hast du bewusst einmal einzelne Geschmacksrichtungen ausgekostet? Wie verändert sich dein Geschmackssinn nach dem Fasten? Nimmst du dir Zeit, bewusst und langsam zu essen und zu schmecken? Auf welchen Geschmack hättest du, ohne Gier, Lust? Wie schmeckt dir derzeit dein Leben?

Geruchssinn

Wie fein ist deine Nase? Welche Gerüche und Düfte magst du besonders gern? Sind dies eher starke oder feine Düfte? Welche Art von Geruch stört dich besonders? Kannst du solche Störquellen reduzieren? Wie geht es deiner Nase und deinen Lungen beispielsweise in einem gesunden Wald? Welcher Duft würde dich gerade besonders erfreuen und welche Assoziationen verbindest du damit?

Der 6. und 7. Sinn

Wie deutlich nimmst du schon deine innere Stimme, dein Bauchgefühl, dein inneres Wissen, dein Wahrheitsgefühl und deine intuitiven Impulse wahr? Unter welchen Umständen gelingt es dir besser, diese feineren Sinne wahrzunehmen oder ihnen zu folgen, unter welchen nicht so gut?

Welche Erkenntnisse ziehst du aus dieser Checkliste? Kommt dir "in den Sinn", was du verändern möchtest? Ich empfehle dir, deine Notizen in entspannter Haltung durchzugehen und dir zunächst drei Impulse herauszusuchen, mit denen du beginnen möchtest, die schrittweise Verbesserung und Aufrechterhaltung deiner Gesundheit und gesunden Balance im Leben selbst in die Hand zu nehmen.

Welches sind diese drei ersten Schritte für dich?

_____

_____

_____

Denke daran, dass du in den Kapiteln 2, 3 und 4 einige gezielte Hilfsmittel, Übungen und Meditationen kennengelernt hast, um deine Aura und deine Wahrnehmungskanäle zu klären, zu beruhigen oder zu kräftigen. Ich möchte dir empfehlen: Sei es dir wert, sie nach Bedarf oder regelmäßig zu nutzen. Zur Besinnung und Stärkung. Außerdem empfehle ich dir mein Buch "Vom Inneren zum Göttlichen Kind". Dieses Buch hilft dir, deine Verhaltensmuster über die Innere-Kind-Arbeit mit Meditationen zu erkennen und vieles aufzulösen. Wenn du lieber die Meditationen hören möchtest, statt zu lesen, empfehle ich mein Gesamtpaket als Onlineversion. Dies enthält mit meiner Originalstimme gesprochene Meditationen zur Arbeit mit deinem inneren Kind.

Kapitel 5

Sinnvoll leben, schöpferisch werden

Kreativ und schöpferisch – was alles in mir steckt!

Nachdem du dich aufgemacht hast, deine Sinne zu verfeinern und zu schärfen, hast du begonnen, die Eigenverantwortung für deine Gesundheit und dein gesundes Menschsein zurückzuerobern. Ich beglückwünsche dich zu diesem Schritt! Du hast damit einen Teil deines inneren Kompasses schon in der Hand! Spezielle Kompasseigenschaften wie beispielsweise die ausgeprägte Intuition und übersinnliche Wahrnehmung möchte ich ein anderes Mal tiefer erläutern, denn auch das kann man lernen. Ich möchte jetzt noch einmal auf das göttliche Erbe in uns zu sprechen kommen. Es ist mir deshalb ein Herzensanliegen, weil ich mir dieses Erbes jeden Tag voll bewusst bin. Durch meine intensive Anbindung an die geistige Welt begleiten mich diese Gewissheit und dieses Gefühl fast immer. In meinem privaten Leben und in meiner Arbeit. Da dies eine so wunderbare

Erfahrung ist, die für mich die Würde unseres Menschseins ausmacht, möchte ich dich ermutigen, selbst diese Verbindung in dir immer stärker werden zu lassen. Die geistige Welt ist faszinierend und hat wiederum viele verschiedene Ebenen und Wesen. Glücklicherweise kennen beispielsweise sehr viele Menschen noch ihren Schutzengel. Genauso real sind die Erzengel, die mancher noch aus den Religionen kennt. Ich habe zu meiner großen Freude seit etlichen Jahren eine besonders starke Verbindung zu Erzengel Raphael und zu den als Elohim bekannten Engelwesen. Die Elohim sind die sieben Aspekte der göttlichen Schöpferkraft. Ich habe sie in meinem letzten Buch einzeln vorgestellt und erläutert, welche Bedeutung sie für uns Menschen in dieser Zeit haben. Wenn du dir eine engere Verbindung zu diesen göttlich-schöpferischen Kräften wünschst, lege ich dir dieses Buch sehr ans Herz. Die Elohim betonen immer wieder, dass wir Menschen Kinder Gottes sind. Und daher tragen wir, jeder Einzelne von uns, einen göttlichen Funken in uns. Und das bedeutet auch: Wir haben etwas von der Schöpferkraft in uns. Das ist etwas Kostbares. Ein wesentlicher Teil unseres Menschseins ist diese schöpferische, kreative Fähigkeit, die jeder individuell zur Entfaltung bringen soll. Heute stehe ich, wie gesagt, besonders in Verbindung mit diesen Schöpferengeln, den Elohim. Eine ganz besondere Botschaft des "Elohim der Gnade" möchte ich dir mit auf den Weg geben:

»Ihr seid Schöpferkinder! Die Menschen sind Schöpferkinder. Das heißt, jeder von euch hat eine Verbindung zum Ursprung, zum Göttlichen. Wie ein Samenkorn, das alle Informationen von einer Mutterpflanze enthält, so seid ihr mit allen Informationen der großen Quelle, von Gott, der Schöpferkraft, verbunden. In diesem deinem inneren Samenkorn sind Liebe, Gnade Freude,

Fülle, Leichtigkeit, Wissen, Weisheit, Kraft und vieles mehr enthalten als Urinformation von dem, was du wissen musst für dein individuelles Sein. So wie nun die Sonne eure Erde bestrahlt und alles zum Wachsen bringt, jedes Samenkorn zum Wachsen und Entfalten bringt, so bringt die göttliche Ursonne, das göttliche Einheitslicht, die Quelle, Gott oder wie auch immer ihr es nennen mögt, die nötige Wärme, Geborgenheit und Nahrung, damit du dein individuelles göttliches Erbe bestmöglich zur Entfaltung bringen kannst. Das Potenzial ist in jedem von euch Menschen angelegt und darf, so wie in dieser Metapher des Samenkorns gezeigt, durch die Verbindung zur geistigen Welt und durch den richtigen Boden, also das geeignete Umfeld, zum Gedeihen kommen.

Wenn ihr gefördert werdet, als Kinder geschult werdet und in eurer Kreativität freien Raum gehabt habt zur Entfaltung und Entwicklung, gelangt ihr viel leichter und vielleicht sogar ohne Umwege zu eurem ›Ziel‹, nämlich eurer Aufgabe, eurer Berufung. Viele Menschen gehen jedoch nicht immer den direkten Weg, weil ihr Samen, um in der Metapher einer Pflanze zu bleiben, nicht den richtigen Platz, den richtigen Boden, die richtige Sonnenbestrahlung und den richtigen Dünger bekommt. Dadurch gehen manche von euch Menschen Umwege und erreichen erst spät oder gar nicht ihren Kern, ihr Wesenspotenzial, was sehr schade ist. Denn sie leben dann nicht sich selbst, sondern die Muster von Vorbildern oder Wunschfiguren oder aber Projektionen ihrer Eltern. Natürlich versuchen alle Kinder, während sie heranwachsen, alles zu tun, um es ihren Eltern recht zu machen und geliebt zu werden. Je mehr hingegen Kinder in ihrer eigenen Art und Kreativität gefördert und unterstützt werden, ihren Anlagen gemäß, desto schneller kommen diese Menschen an das Ziel, ihr wesenhaftes, individuelles Potenzial zu leben. Viele spirituelle Menschen unter euch sind Umwege gegangen, bis sie sich wieder erinnerten, dass sie in sich ein Licht, ein Wissen und Lie-bespotenzial tragen, das sie nun mit Begeisterung das tun lässt, wohin ihr Herzblut geht. Je mehr ihr eurer inneren Wahrheit folgt, umso mehr lebt ihr euch selbst und seid auf diese Weise mit der Urwahrheit, der Ursonne, der Schöpferkraft, mit Gott verbunden.

Wie könnt ihr nun dieses innere Wissen, dieses Seelenpoten-zial, das in euch angelegt ist, am besten finden? Ihr lebt in einer Zeit des Leistungsdrucks, der Hektik, Schnelllebigkeit und der Überbetonung der Ratio. Alles soll verstandesmäßig abgewickelt werden, es gibt keine Verbindung mehr zu euren Mitgeschöpfen, zur Quelle und zum Leben selbst. Aus diesem Muster müsst ihr herauskommen, euch besinnen und still werden. Geht in die Natur, lauscht in euch hinein, geht mit Achtsamkeit und Staunen durch die Welt und seid zufriedener mit euch selbst, damit ihr nicht ständig wie getrieben von einem Thema zum anderen wechselt und euch dabei von euch selbst, der Erde und dem ›Himmel‹ entfernt.

In der Ruhe liegt die Kraft. Das bedeutet, wenn ihr zufrieden seid mit euch, im Frieden also mit eurer individuellen Entwicklung, dann seid ihr auch fähig, ruhig und ›besonnen‹ zu agieren und mit der nötigen Muße kreative Dinge zu tun, die euch ERKENNEN lassen. Ihr erkennt dann, wenn ihr in dieser Ruhe erschafft, aus dem Moment heraus, aus eurer individuellen Kraft, eurem Her-zensblut, eurem Verlangen, dass ihr etwas Neues schaffen, etwas Einzigartiges bewirken könnt. Wenn ihr des Weiteren lernt zu me-ditieren, euch zu sammeln, zu beten und euch zu verbinden, indem ihr in der Ruhe seid (auch in kreativen Momenten), werdet ihr innerlich still und es kommt zu einer Anhebung der Schwingung. Dadurch entstehen Räume der positiven Gedankenlosigkeit und somit der Empfangsbereitschaft. Vergesst das nicht! Empfangs-bereitschaft kann nur entstehen, wenn ihr euren Verstand ruhen und still werden lassen könnt. In diesem inneren Raum können Visionen, Inspirationen, Impulse oder Eingebungen kommen, die euch Erkenntnisse bringen und euch Neues erschaffen lassen. Wir Elohim, die 7 Schöpferqualitäten, sind Frequenzen, strahlen Energien der Schöpferkraft aus. Und diese Qualitäten sind Liebe, Weisheit und Erkenntnis, Gnade, Klärung und Ordnung, Wegfindung, Findung des eigenen Seelenplans, Vollkommenheit sowie gesundes Wachstum von allem, was ist. Ihr alle SEID Schöpferkraft und tragt Anteile all dieser Qualitäten in euch. Sobald ihr euch dessen bewusst werdet, könnt ihr euch mit uns, mit diesen Qualitäten, verbinden und durch diese Erinnerung lichte Kräfte und Frequenzen mehr und mehr in euer Leben einfließen lassen. Je fortgeschrittener ihr in der Anhebung von Schwingungen seid, je mehr ihr Meditation trainiert und auf Empfang schalten könnt, ohne zu erwarten, ohne aus dem Ego zu denken und zu wollen, umso mehr könnt ihr durch Vertrauen, Geisteskraft, Glauben, Bitten und Danken eine neue Wirkkraft erzeugen, so dass die Dinge sich umsetzen und manifestieren für euch selbst, für andere und für das große Ganze.«

Wie geht es dir mit dieser Botschaft? Kannst du etwas von der Liebe und Ermutigung der Elohim spüren? Mich erinnern ihre Worte immer wieder daran, für Stille zu sorgen. Und auch für Momente der Muße. Ich habe erfahren, dass uns jede Form der künstlerischen oder kreativen Hingabe aus der heute allgegenwärtigen Hetze und Fremdbestimmung herausbringen kann. Hinein in die Stille. Zu uns selbst. Und in die Verbindung mit dem schöpferisch-göttlichen Prinzip. Deshalb möchte ich dich einladen, deinen kreativen Impulsen nachzugehen. Ganz gleich, ob es etwas Musikalisches ist, etwas Handwerkliches, die schönen Künste, Gartengestaltung, Schreiben, Kochkunst oder vieles mehr. Wie ist es für dich, wenn du dich ausdrücken kannst auf deine Weise? Kannst du die Freude spüren und den "Flow", wie es heute so schön heißt? Dieses Kreativsein bringt uns der Stille näher. Auf diese Weise finden auch Menschen Zugang zur Meditation, die sich damit bisher schwergetan haben oder sich falsche Vorstellungen davon gemacht haben.

Abschließen möchte ich das Kapitel mit einer Meditation, die dich bewusst mit der Schöpferkraft verbindet und aus dieser Herzverbindung heraus deine Kräfte in den Dienst stellt für einen positiven Energieeinsatz, für die Erschaffung und Steuerung von Wirklichkeit.

Meditation

Stelle dir eine weiße Lichtkugel über deinem Kopf vor, die für deine Seele, dein Höheres Selbst steht. Bitte den Elohim oder Engel um Hilfe dafür, dass sich nun diese weiße Kugel, dein Seelenpotenzial, mit deiner Herzenergie verbinden möge. Stelle es dir wie eine Verschmelzung vor. Die weiße Lichtkugel über deinem Kopf fließt langsam ein in dich, wird eins mit deinem Herzzentrum und dehnt sich aus, erfasst dein ganzes Sein, wärmt und durchstrahlt dich.

Dann geh gedanklich mit deiner Aufmerksamkeit bitte zu deinen Füßen. Spüre, wie aus den Füßen Wurzeln wachsen, indem du dir vorstellst, dass du ein Baum bist mit gesunden und weit verzweigten Wurzeln. Lasse sie in deiner Vorstellung weit und tief in Mutter Erde hineinwachsen, so dass du gut verwurzelt bist. Fühle dich von Mutter Erde getragen, genährt und mit ihr verbunden.

Weiter lenke deine Achtsamkeit jetzt zum Herzzentrum und spüre dieses Gefühl von Kraft, Licht und Liebe, das sich jetzt

bereits in deinem Herzchakra ausgebreitet hat. Lerne wahrzunehmen, wie es sich anfühlt. Jetzt stelle dir vor, wie dir dein geistiger Helfer oder Engel ein Wort zu deinem Seelenpotenzial auf
dieses Herzzentrum schreibt. Was kannst du lesen oder welches
Wort kommt dir in den Sinn? Was schreibt dir dein geistiger
Helfer auf diese Energie in deinem Herzzentrum? Lausche, lies,
höre, wisse!

Und nun verbindest du dich von deinem Herzen aus durch
einen Lichtkanal mit der Quelle. Weit nach oben und weit nach
unten entsteht dieser Lichtkanal, in dem du stehst. Nach unten
bist du so mit Mutter Erde verwurzelt. So dass du oben und unten
gut angebunden bist. Bitte nun die Schöpferkraft oder die Elohim
oder speziell den Schöpferengel für Wachstum und Weisheit, dir
zu zeigen, was du heute für die Welt tun kannst. Oder für jemanden in deinem Umfeld tun kannst, vielleicht für jemanden der
krank ist oder Unterstützung benötigt. Oder etwas anderes, das
für dich selbst wichtig ist. Was kannst du dazu tun? Achte nun darauf, ob einer der Schöpferengel, den du vielleicht wahrnehmen
kannst als lichte Gestalt, dir in einem Geschenk oder Briefumschlag etwas zu erkennen übergibt. Was kannst du wahrnehmen?
Was ist in dem Briefumschlag, welcher Hinweis steht dort bzw.
welchen Gegentand bekommst du als Geschenk? Was will er dir
sagen, was will er dich erkennen lassen zu deinem Potenzial?
Nimm auch wahr, WIE du diese Hinweise wahrnimmst. Spürst
du, siehst du oder hörst du sie? Oder ist es ein inneres Wissen?
Was steht da geschrieben, ein Satz oder ein Wort? Notiere oder
merke dir dieses Wort. Wenn du nicht verstehst, was es bedeuten
könnte, bitte den Elohim, dir zu helfen bei der Erkenntnis. Was
bedeutet der Brief oder das Geschenk für dich? Was soll es dir
persönlich sagen? Warte und lausche und sei zuversichtlich,
dass die richtige Antwort kommt. Dann bedanke dich bei dem
Schöpferengel und lass wieder alle Energien von oben nach

unten abfließen. Nimm alle deine Anteile wieder zu deinem Körperbewusstsein zurück. Und gehe aus der Meditation wieder ins Hier und Jetzt. Nun bist du wieder auf deinem Platz angekommen, klar und präsent.

Sei gewiss, wenn du diese Art der Anbindung und Sammlung regelmäßig übst, entsteht eine reale Anbindung wie eine beständige Sonnenbestrahlung des inneren Samens. Gleichzeitig entsteht in dir eine Stabilität, Zentrierung und Klarheit, die dir hilft, dich auch durch turbulente Zeiten zu bringen. Und schließlich werden deine Wahrnehmungen so verfeinert, dass du nach innen (zu dir selbst und zur geistigen Ebene der Realität) sowie nach außen (zu deinen Mitgeschöpfen und deiner Umwelt) mehr Empfindsamkeit und Kontakt aufbaust, achtsamer mit Energien umgehen kannst und sie zum Wohle aller einsetzen lernst. Dass diese Kunst noch extrem wichtig werden wird, lässt uns die geistige Welt, die Elohim, in der nächsten Botschaft wissen.

»Der Umgang mit verschiedenen Frequenzen bzw. die Anhebung von Energie oder Schwingung durch verschiedene Techniken wird in eurer kommenden Zeit sehr wichtig. Es gibt in eurer Welt sehr verdichtete Frequenzen, die ihr auch negative und niedrige Schwingungen nennt. Diese sind teils sogar messbar und werden von vielen Menschen empfunden oder gefühlt. So werden belastende Frequenzen wie Störfelder von vielen erspürt. Aber auch eine angespannte Lage oder Aggression zum Beispiel ist sehr wohl von den meisten Menschen über verschiedene Sinne wahrnehmbar. Hingegen sind Menschen mit positiver Ausstrahlung (sprich: mit hoher und heller Frequenz, wie das Wort Ausstrahlung schon sagt) oft durch ihre Art und ihr Auftreten ansteckend. Ihr fühlt euch häufig gleich ›anders‹ oder seid viel tatkräftiger nach einer Begegnung mit solchen Menschen. Genauso können Menschen, die krank, depressiv oder lethargisch sind, euch nachhaltig durch ihre niedere Schwingung beeinflussen. Eure gute Laune oder sogar eure Kraft ist euch im Kontakt mit diesen Menschen wie geraubt. Das ist nicht nur eine Einbildung. Das können sichtige Menschen in eurem Energiefeld bzw. in dem energetischen Geschehen zwischen zwei Menschen durchaus sehen.

Dies alles sind Schwingungen, Frequenzen, allerdings sehr feine, die in der Physik bisher nur zum Teil messbar sind. Diese Schwingungen umgeben und durchdringen euch und wirken erschaffend. Sie wirken auch auf euer Denken und Handeln. Aber denkt daran: Euer bewusstes Denken erzeugt ebenfalls Frequenzen! Mit diesen unterschiedlichen niederen Schwingungen umgehen und sie positiv beeinflussen zu können, wird sehr wichtig werden und ist es bereits. Lernt die Umwandlung von Schwererem zu Lichterem, Leichterem in euch. Es ist wie eine Transformation, eine Frequenzwandlung. Dafür gibt es verschiedene Techniken. Vor allem befasst euch mit positiver Wirklichkeitserschaffung. Und diese beginnt bei eurem Denken, Fühlen und Wollen. Dazu müsst ihr jedoch eure Energiefelder und Chakren gereinigt haben bzw. immer wieder aufs Neue klären und harmonisieren, um ungute (Kindheits-)Erlebnisse und nicht förderliche Konditionierungen zu bereinigen. Dafür haben wir euch jetzt das nötige Handwerkszeug übermittelt. Zur Wirklichkeitserschaffung und zum positiven Mitschöpfersein möchten wir euch mehr mit auf den Weg geben im nächsten Buch.«

Dass wir uns umgebende Schwingungen wahrnehmen können, ist unbestritten. Allerdings ist nur wenigen von uns bewusst, dass unsere Wahrnehmung stets durch Filter eingeschränkt wird.

Den Funktionsumfang dieser Filter beeinflussen wir zum Teil selbst, durch unsere Konditionierung im Laufe unseres Lebens. Zum anderen Teil gibt es eine Priorisierung von Informationen, die über unsere Sinnesorgane an uns herangetragen werden. So haben z. B. Informationen, die wir über unsere Augen erhalten, eine höhere Priorität als das, was wir hören. In beiden Fällen handelt es sich aber um Schwingungen (Licht bzw. Ton), die uns erreichen.

Wir sind aber nicht nur Empfänger von Schwingungen, wir senden solche auch aus – und zwar zu jedem Zeitpunkt. Einmal in Form von Wärme – was man bemerkt, wenn viele Personen einen Raum füllen, dann steigt die Temperatur im Raum. Darüber hinaus senden wir aber auch andere Schwingungen aus. Dies ist z. B. der Grund dafür, dass wir spüren, wenn uns jemand von hinten anstarrt, obwohl wir das nicht sehen können.

Es geht in unserer Zeit darum, sich bewusst zu machen, welche Schwingungen den Weg durch unsere Filter finden und damit unser Bild der Realität formen. Und es geht darum, uns im Klaren darüber zu sein, was wir ausstrahlen und wie wir so ständig unsere Umgebung beeinflussen – bewusst oder unbewusst. Beides beeinflusst nicht nur unsere Gesundheit und unser Wohlbefinden, sondern auch (in größerem Maße, als viele von uns denken) unsere Umgebung und das, was um uns herum passiert.

Aktuelle physikalische Experimente zeigen uns, dass wir keineswegs nur eine passive Rolle in dieser Welt spielen. Wie weit jede/r Einzelne Einfluss nehmen kann und wie dies passiert, wird in einem folgenden Buch beschrieben werden.

Ausblick und Ermutigung der geistigen Welt: Sinnhaftigkeit und Eigenverantwortung

Du bist nun am Ende dieser Reise zur "Besinnung" angekommen und ich würde mich freuen, wenn du einige für dich sinn-volle Impulse für deine individuelle Gesundheitsfürsorge mitgenommen hast. Ich würde mich ebenso freuen, wenn du zu verstehen oder zu ahnen beginnst, dass wir Menschen so viel mehr sind, als wir gemeinhin annehmen: geistige Wesen mit einem wunderbaren Körper und mehreren energetisch-seelischen "Kleidern" hier auf Erden. Diese Ganzheitlichkeit immer mehr zu begreifen und zu spüren, ist meines Erachtens so wichtig in unserer Zeit, um wirklich Mensch bleiben zu können. Statt eines Schlusswortes möchte ich dieses Buch abrunden mit einer letzten Botschaft der geistigen Welt:

»Der Mensch der neuen Zeit wird lernen müssen, eigenverantwortlich für sich und seine Umwelt zu handeln. Durch das Bewusstsein, das auf der Erde über die letzten Jahre erwacht ist, sind schon viele unter euch, die sich dessen voll bewusst sind und damit auch umgehen können. Das sind diejenigen unter euch, die das leben und beherzigen in ihrem Alltag, indem sie sich beispielsweise als Ausgleich zu ihren überwiegend sitzenden Bürotätigkeiten ausreichend bewegen. Es sind diejenigen, die erkennen, dass Nahrungsmittel mit künstlichen Zusätzen zum Beispiel Allergien erzeugt, und ihre Ernährung entsprechend umstellen. Durch die Erkenntnis, dass ihr alle eins seid, ist es dem neuen, bewussten Menschen auch klar, dass mit Tieren völlig falsch umgegangen wird, denn sie sind eure Weggefährten, eure Freunde und ebenso fühlende (wenn auch nicht auf gleicher Weise individuell denkende und verantwortliche) Wesen wie ihr. Viele Vegetarier, Veganer oder andere bewusst Essende möchten sich am Fleischkonsum nicht beteiligen, bei dem Mord und Nichtachtung von Lebewesen an der Tagesordnung ist. Sie respektieren aber auch Andersdenkende, können akzeptieren, dass es Menschen gibt, die (noch) Fleisch brauchen, weil sie andere Bedürfnisse oder Frequenzen in sich tragen, und dieses bewusst einkaufen (biologisch beim Bauern o. Ä.). Der neue Mensch ist nicht dogmatisch, sondern denkt und fühlt differenziert und mit dem Herzen.

Der Zukunftsmensch ist in seinem Denken sogar so weit, dass er genau reflektiert, was er an täglichem ›Input‹ von außen konsumiert. Denn er hat erkannt, dass soziale Verbindungen und Austausch wichtig sind, allerdings mit denjenigen, die ihm wohlgesinnt sind und sich aufmachen, das Positive im Leben zu bejahen.

Die Weisheit des einzelnen Individuums im neuen Menschseins ist darüber hinaus fähig, Realitäten zu erschaffen durch reine Vorstellungskraft und Akte des Segnens, nicht aus dem Egobewusstsein heraus, sondern aus der Verbundenheit zur Allweisheit, zur Schöpferkraft, die jedem Menschen innewohnt. Deshalb beinhalten alle schöpferisch-spirituellen ›Techniken‹ und Übungen immer zuerst das Erreichen dieser höheren Bewusstheit von Verbundensein und dann einen Akt des Bejahens des Positiven, des Geistig-Göttlichen in allem Sein – so wie du voller Begeisterung und Liebesfähigkeit alles, was sich dir zeigt, in seinem gesunden Wachstum, in der gesunden Schwingung bejahst und bestätigst und ihm dafür dankst. So gelangst du mehr und mehr zu einem bewussten Sein im Einklang mit jedem Wesen und allem, was ist.

Dies ist ein Ausblick auf das hohe Maß an Selbstverantwortung des neuen, bewussten Menschen.

Begreift, alles ist Energie und letztlich Geist. Das dem Menschen begreiflich zu machen, wäre ein großes Kapital. Versteht es als unterschiedliche Frequenzen, Wesen und Qualitäten. Alles, was existiert und ist und betrachtet wird, macht eine Stimmung, die mit euren Sinnen erfasst werden kann. Da Menschen unterschiedlich stark ausgeprägte Sinne haben, erfassen sie es unterschiedlich. Alles hat aber einen bestimmten Ton, eine bestimmte Lichtschwingung, Kraft und Ausstrahlung. Sich dieser Energien bewusst zu sein und bewusst damit umgehen zu können und sie bewusst einsetzen und steuern zu können, ohne Geräte, ist eine der großen Aufgaben des neuen Menschen.

Zur Wirklichkeitserschaffung und zum positiven Mitschöpfersein möchten wir euch mehr mit auf den Weg geben im nächsten Buch.«

> Glücklich, wem von allen Gaben
> klaren Sinn die Götter gaben.
>
> Sophokles

Frequenzwandler

Vergiss nicht: Du bist verbunden! Auch wenn jetzt eine Zeit ist, die anders ist als alles, was du bisher kanntest,

und du dich kaum in Liebe wähnst.

Geh durch und vertraue, dass das Licht sich öffnet und jeder in eine neue Bewusstseinseinheit gebracht wird. Viele Menschen werden mitgehen und viele werden gehen. Das ist so und gleichzeitig werden Menschen lernen zu erkennen, was wirklich wichtig und wesentlich ist in ihrem Leben und was sie besonders macht,

und dies in ihrem Leben weitergeben.

Nämlich eine Form, die ihnen vorher nicht bewusst und trotzdem jetzt genutzt,

für andere, die genau dieses nicht haben.

Ziel ist Angstfreiheit und Angstlosigkeit zu erzeugen in vielen,

da wo Angst sehr direkt sitzt oder verborgen, um Liebe zu bringen, wo Kälte ist,

Mitgefühl zu schenken, wo kein Verständnis ist,

Unterstützung zu geben, wo Egoismus herrscht, Freude zu bringen, wo Ängstlichkeit ist. Leichtigkeit, Loslassen und Vertrauen zu fördern, wo Frust und falscher Denkansatz sitzt.

Alles wird sich ändern

und sich auch gewinnbringend verändern.

Zur Freude hin und zum Vertrauen möchte es aufbauen und den Menschen zeigen, hinzuschauen, um dem Glauben in ihren Herzen und ihrem inneren Wissen zu vertrauen, dann werden sie staunend schauen und mit der göttlichen Verbindung und dem bewussten Einsatz der Schöpferkraft neue Wege gehen und eine neue Wirklichkeit erbauen.

Meditativ von Ingrid Theresia Bleier

Anhang:

Chakrenübersicht und Zuordnungen

ERSTES CHAKRA

Name:	Wurzelchakra, Basischakra
Lage:	Zwischen Anus und Genitalien, mit dem Steißbein verbunden
Farbe:	feurig-rot
Körpersinn:	Geruchssinn (riechen)
Auraschicht:	Vitalkörper
Körperliche Zuordnung:	Genitalien, After, Prostata, alles Feste im Körper wie Knochen, Zähne, Nägel, Beine, Darm, Blut, zentrales Nervensystem
Grundprinzip:	Körperlicher Wille zum Sein
Lernthema/Aufgabe:	Urvertrauen, Durchsetzung, Lebenskraft, Lebensenergie, Beziehung zur materiellen Welt, Kontakt zur Erde, körperliche Stabilität

Element:	Erde
Aromaöle:	Zeder, Nelke, Sandelholz
Heilsteine:	Rubin, Granat, rote Koralle, Achat, Hämatit (Blutstein genannt)
Chakraaktivierung:	Gartenarbeit, hüpfen, springen, trommeln, töpfern, Rot "einatmen", Vorstellung von Wurzeln, die wachsen

Basischakra und Sinne

Besonders hervorheben möchte ich die Verbindung des Wurzelchakras mit dem Geruchssinn. Nicht umsonst sagen wir noch heute, dass wir einen anderen Menschen riechen können oder nicht. Das Riechen ist mit einem Urinstinkt verbunden. Hier geht es um Existenzielles. Die Nase gibt uns erste Hinweise darüber, ob Nahrungsmittel verdorben oder giftig sind. Sie sagt uns womöglich auch, ob uns andere Menschen und Dinge "unter die Nase" passen.

ZWEITES CHAKRA

Name:	Sakralchakra, Sexualchakra, Kreuzzentrum
Lage:	zwischen Schambein und Nabel
Farbe:	orange
Körpersinn:	Geschmackssinn (schmecken)
Auraschicht:	Vitalkörper
Element:	Wasser
Körperliche Zuordnung:	Gesamter Beckenraum, Blase, Nieren, Fortpflanzungsorgane, Sexualhormone, Körperflüssigkeiten; Flüssigkeitshaushalt, Blutdruck
Grundprinzip:	Schöpferische Fortpflanzung des Seins
Lernthema/Aufgabe:	Sinnlichkeit, Kreativität, zwischenmenschliche Beziehungen, Vitalität, im Lebensfluss sein, Staunen und Begeisterung, Loslassen
Aromaöle:	Ylang-Ylang, Sandelholz
Edelsteine:	Karneol, Mondstein, Feueropal, Sonnenstein
Chakraaktivierung:	ein Bad nehmen, Kerzenlicht, Sauna, Wasseranwendungen

Sakralchakra und Sinne

Das zweite Chakra, das uns unterstützt, das Leben "auszukosten", ist mit dem Geschmackssinn verbunden. Wie schmeckt uns das Leben? Alles, was wir erleben, kann süße, bittere und scharfe Noten haben, die ganze Gefühlspalette.

DRITTES CHAKRA

Name:	Solarplexus-Chakra, Sonnengeflecht
Lage:	zwei Fingerbreit oberhalb des Nabels
Farbe:	gelb, zitronengelb, sonnengelb
Körpersinn:	Sehsinn (sehen)
Auraschicht:	Emotionalkörper (Gefühlsfeld)
Körperliche Zuordnung:	Magen, Leber, Milz, Gallenblase, Vegetativum, unterer Rücken
Grundprinzip:	Gestaltung des Seins
Lernthema/Aufgabe:	Persönlichkeit und Individualität, Gefühlsverarbeitung, Selbstwert, Integration der Sonnenenergie, Triebe der unteren Chakren läutern, geistige Fülle der höheren Chakren in der Materie manifestieren
Element:	Feuer
Aromaöle:	Lavendel, Rosmarin, Bergamotte
Edelsteine:	Tigerauge, Bernstein, Edeltopas, Zitrin
Chakraaktivierung:	Meditation, sich sonnen

Solarplexus und Sinne

Dieses Chakra hängt mit unserem Sehvermögen zusammen. Über die Augen nehmen wir Informationen auf, über das Verdauungssystem setzen wir uns mit aufgenommenen Stoffen auseinander. Ein gesundes Sonnengeflecht verhilft uns zu "gesunden Sichtweisen" sowie einem guten, aber nicht übersteigerten Selbstbewusstsein.

VIERTES CHAKRA

Name:	Herzchakra, Herzzentrum
Lage:	in der Mitte der Brust, in Höhe des Herzens
Farbe:	rosa (bedingungslose Liebe), grün (Heilung), gold (Herzensweisheit)
Körpersinn:	Tastsinn (tasten)
Auraschicht:	Emotionalkörper (Gefühlsfeld)
Körperliche Zuordnung:	Herz, Brustkorb, Brusthöhle, unterer Lungenbereich, Blutkreislauf, oberer Rücken, Haut, Hände, Lymphdrüsensystem
Grundprinzip:	Hingabe
Lernthema/Aufgabe:	Mitgefühl, Selbstlosigkeit, Entfaltung der bedingungslosen Liebe, Eigenliebe, Vereinigung von Körper und Geist, Vereinigung von Yin und Yang, Energien der Erde vereinigen sich mit Energien des Himmels, Heilkräfte aussenden
Element:	Luft
Aromaöle:	Rosenöl
Heilsteine:	Rosenquarz, Rhodochrosit, Smaragd, Aventurin, Jade, Malachit
Chakraaktivierung:	Lachyoga, Meditation, herzöffnende Übungen

Herzchakra und Sinne

Unser Herzchakra steht mit dem Tastsinn und dem Emotionalfeld in Verbindung. Denn nur durch ein offenes Herz kommen wir wirklich mit dem Leben in Berührung.

153

FÜNFTES CHAKRA

Name:	Halschakra, Kehlchakra, Kommunikationszentrum
Lage:	zwischen Halsgrube und Kehlkopf in Höhe der Schilddrüse
Farbe:	hellblau, türkis, silber
Körpersinn:	Gehörsinn (hören)
Auraschicht:	Mentalkörper
Körperliche Zuordnung:	Hals, Nacken, Ohren, Luftröhre, Kieferbereich, Stimme, Bronchien, oberer Lungenbereich, Arme
Grundprinzip:	Seinsresonanz
Lernthema/Aufgabe:	Ausdrucksfähigkeit, Kommunikation, Offenheit, Toleranz, Verbindung zwischen Kopf und Körper, Sprache
Element:	Äther
Aromaöle:	Salbei, Eukalyptus
Heilsteine:	Aquamarin, blauer Topas, Chalcedon, Türkis, Pyrit
Chakraaktivierung:	Mantren (wie OM), Singen, Meditation

Halschakra und Sinne

Das Halschakra bildet eine Brücke zwischen Denken und Fühlen sowie zwischen dem Fühlen und dem Ausdruck unserer Gefühle und Gedanken. Es hat ebenso Einfluss auf unsere Fähigkeit zuzuhören.

SECHSTES CHAKRA

Name:	Stirnchakra, Drittes Auge, Inneres Auge
Lage:	einen Fingerbreit über der Nasenwurzel in der Mitte der Stirn
Farbe:	indigoblau, dunkelblau, violett
Körpersinn:	6. Sinn, Intuition, "Drittes Auge"
Auraschicht:	Mentalkörper
Körperliche Zuordnung:	Augen, Ohren, Nase, Gesicht, Nebenhöhlen, Kleinhirn, Zentralnervensystem, Steuerung der Hormondrüsen
Grundprinzip:	Seinserkenntnis
Lernthema/Aufgabe:	Entwicklung der inneren Sinne, Geistes- und Willenskraft, alle Bewusstwerdungsprozesse, Orientierung, Gleichgewicht, Hellsichtigkeit, Hellhörigkeit, Auswertungsort aller Wahrnehmungen
Element:	Äther
Aromaöle:	Minze, Jasmin
Heilsteine:	Lapislazuli, Sodalith, Azurit, indigoblauer Saphir
Chakraaktivierung:	Wahrnehmungsübungen, Meditation

Stirnchakra und Sinne

Unser Stirnchakra öffnet uns für die innere Stimme (6. Sinn). Es harmonisiert den Verstand und feinere Wahrnehmungen.

155

SIEBTES CHAKRA

Name:	Kronen-Chakra, Scheitelzentrum, Tausendblättriger Lotos
Lage:	in der Mitte der Schädeldecke
Farbe:	weiß, regenbogenfarben, violett, gold
Körpersinn:	übersinnliche Wahrnehmungen, Medialität
Auraschicht:	Spiritualkörper
Körperliche Zuordnung:	den ganzen Organismus beeinflussend, Großhirn, Schädeldecke
Grundprinzip:	Reines Sein, Stille
Lernthema/Aufgabe:	All-Eins-Sein, universelles Bewusstsein, Verbindung zur Schöpferkraft, Vereinigung der Energien der unteren Chakren, höchste Erkenntnis durch innere Schau
Aromaöle:	Weihrauch, Olibanum, Lotos
Heilsteine:	Amethyst, Fluorit (violett), Sugilith, Bergkristall, Diamant

Scheitelchakra und Sinne

Das Scheitelchakra ist unser Tor zu sogenannten übersinnlichen Wahrnehmungen.

Es gibt über die Hauptchakren hinaus eine Vielzahl an sogenannten Nebenchakren im menschlichen Energiesystem. Besonders wichtig sind hier noch die Handtellerchakren, die unser Geben und Nehmen mit dem Herzen verbinden und uns das Heilen über "Handauflegen" ermöglichen. Ebenso verbinden uns die Fußsohlenchakren mit der Erde. Die Ellbogenchakren regeln unser Gespür für Abgrenzung, Nähe und Distanz in Beziehungen und die Kniechakren beispielsweise haben mit unserer Lernfähigkeit zu tun. Weiter wichtig sind die Ernährungs- und Verantwortungschakren, um Verantwortung für andere und für sich selbst übernehmen zu können, aus Erfahrung zu lernen und sich bewusst mit Ernährung für sich und andere auseinanderzusetzen (energetisch und materiell). Diese Chakren liegen unterhalb der beiden Schlüsselbeine. Die Yin- und Yang-Chakren schließlich haben eine ähnliche Aufgabe wie das Scheitelchakra. Sie unterstützen dabei, "Sender und Empfänger" zu sein. Vollentwickelt bilden sie eine Art Lichtbogen wie einen Heiligenschein, der hinter dem Kopf verläuft.

Danksagung

Wie bei jedem neuen Buch bin ich auch jetzt wieder erfüllt von tiefer Dankbarkeit! Dankbarkeit für meine Verbindung zur geistig-göttlichen Welt und für die Botschaften, die immer eine Garantie sind, wieder Großartiges übermittelt zu bekommen und dies an den Leser weitergeben zu dürfen.

Ich danke den Schöpferkräften, der Christuskraft, den Engeln und meinen geistigen Helfern für ihre Botschaften, speziell in diesem Buch als wertvolle Unterstützung für unsere turbulente Zeit des Umbruchs. Durch dieses segensreiche Geleit, die Geduld und Liebe der geistigen Welt ist es mir möglich und ein Herzensanliegen, diese Verbindung und Botschaften zu achten und rein zu bewahren. Aus dieser Gesinnung heraus ist das vorliegende Buch entstanden. Ich hoffe, dass dies für den Leser, die Leserin spürbar sein wird.

Möge ein jeder und eine jede daraus die Impulse entnehmen, die ihn oder sie auf dem individuellen Weg des Wachstums und der Entfaltung vollen gesunden Menschseins weiterbringen!

Es war mir wiederum eine Freude, dass ich für die Umsetzung meiner übermittelten Botschaften in Buchform die Unterstützung meiner Seelenfreundin und Kollegin Elisabeth Strixner bekam, die sich durch ihren achtsamen Umgang mit Sprache auszeichnet.

Ich danke außerdem einer Reihe von guten Freunden und Freundinnen, Dr. Martin Rennhofer für seine wertvollen Hinweise und Inspirationen; ebenso Hannelore und Michael Gössl für ihre authentische und freundschaftliche Unterstützung, meiner Nichte Nadine Siegert mit ihrer Freude am Gestalten und ihren guten Ideen, Claudia März für ihre Achtsamkeit und ihr offenes Ohr, Sylvia Hoffmann für ihre Klarheit sowie Clarissa und Gudrun Deglmann für ihr feines Empfinden von Stimmigkeit und Hartmut Deglmann für seine guten Tipps.

Ihr alle habt mit euren Hinweisen und eurer wohlwollenden Anteilnahme an meiner Arbeit unschätzbare Beiträge zu ihrem Gelingen geleistet.

Nicht zuletzt danke ich dem Team des Silberschnur Verlages für die großartige Zusammenarbeit und sein Gespür für authentische Weisheitsbücher.

Ingrid Theresia Bleier

Über die Autorin

Ingrid Theresia Bleier, Heilpraktikerin, Autorin, Intuitionsexpertin, Initiatorin für gesundes Wachstum und gesundes Menschsein. Als Kind war ich bereits "aurasichtig" und nahm farbige Felder um Tiere und Menschen wahr. Im Alter von ca. 25 Jahren setzte ich mich mit eigenen Krankheits- und Gesundheitsthemen auseinander. Durch die erlebten Reinigungsprozesse und Selbstheilungsaktivierung wurde meine Hellsichtigkeit und Medialität wieder erweckt und deutlich verstärkt. Seitdem setze ich diese Gabe dankbar und erfolgreich als Hilfe für die Menschen ein.

Seit 1993 in eigener Praxis tätig, blicke ich auf längjährige Erfahrung als HP und Auratherapeutin zurück. Ich gebe seither Wissen und Botschaften aus der geistigen Welt zum Thema Energiearbeit, Persönlichkeitsentwicklung, Intuitionsschulung, Innere Kind- und Transformationsarbeit sowie Potenzialfindung durch Ausbildungen und Seminare weiter. Dafür wurde vor Jahren COMPASS FOR BEING HUMAN ins Leben gerufen. Der innere Kompass ist ein zentrales Thema für meine Arbeit. Infos zu Seminaren finden Sie unter:

www.compassforbeinghuman.com

Da mir die geistige Welt auch immer wieder Zusammenstellungen von Schwingungsmitteln (Essenzen und Aura-Sprays) übermittelt, habe ich das Unternehmen COSMOMEDITERRA gegründet. Darüber sind auch einige der lichtvollen "Helfer zur Selbsthilfe" zu beziehen, die in diesem Buch erwähnt werden: www.cosmomediterra.com.

Bisher veröffentlichte Bücher: 2013 "Vom Inneren zum Göttlichen Kind" (Smaragd-Verlag) und 2015 "Elohim – die Schöpferengel – Praktische Lichtarbeit" (Silberschnur-Verlag).

Entdecke die kraftvollen »energetischen Helfer«

*Das sind die Cosmomediterra Essenzen und Energiesprays,
die in diesem Buch Erwähnung finden.*

Zu den im Buch beschriebenen 7 Sinnen hat die Autorin sogenannte Schwingungsmittel/Essenzen hergestellt.
Die 7 »Sinne-Essenzen«, Sehen, Hören, Riechen, Schmecken, Tasten, 6. Sinn und 7. Sinn (siehe Bild), unterstützen dabei, die Wahrnehmung und die Sinne zu schärfen und zu stärken.

Aura-Spray »energetische Abwehrstärkung«

Dieses nach frischen Zitronen riechende Auraspray schützt und stärkt das menschliche Energiefeld (Aura) vor schwächenden Einflüssen von außen und stärkt dadurch dessen Widerstandskraft auf der energetischen Ebene. Gerade in der jetzigen Zeit bringt das kraftvoll duftende Aura-Spray »energetische Abwehrstärkung«, ein erleichtertes und entspanntes Gefühl im Herzchakra-Bereich und unterstützt den Vitalkörper der Aura durch die Verstärkung der eigenen Schutz- und Abwehrmechanismen.

13 Farbessenzen

Ebenso gibt es ein Farbessenzen-Set, das darin unterstützt, sich wieder gut aufzuladen mit dem gesamten Farbspektrum oder je nach Bedarf mit einzelnen Farbfrequenzen. Zum Beispiel gibt Orange Freude und Leichtigkeit, Gelb fördert positives Gemüt, Blau ist beruhigend für die Nerven und Grün gibt Harmonie und Zufriedenheit. Weitere Hinweise zu Farbwirkungen findest du in diesem Buch.

Alle diese Schwingungsmittel und Energiesprays wirken holistisch auf das gesamte Energiesystem des Menschen in stärkender, klärender und stabilisierender Weise.

Mehr Information im Shop unter:

www.cosmomediterra.com

Ingrid Theresia Bleier

Elohim – Die Schöpferengel

Praktische Lichtarbeit

Die Elohim, die göttlichen Schöpferkräfte, helfen uns, unsere uns innewohnenden schöpferischen Kräfte zu aktivieren.
Wie wir unter der Führung der liebenden Engelkräfte unseren eigenen Kern zum Leuchten bringen, zeigt uns Ingrid Theresia Bleier. Ihre alltagstaugliche Anleitung zur praktischen Lichtarbeit bereitet uns den Weg zur göttlichen Ebene.
Die Elohim stehen an unserer Seite. Wir können uns mit ihnen verbinden, damit sie an der Neugestaltung der vielfältigsten Lebensbereiche mitwirken.

168 Seiten, broschiert
ISBN 978-3-89845-486-5
€ [D] 14,95

Kurt Tepperwein

Das Erfolgs-Mindset

Zeitlos, inspirierend, wertvoll

Frust, Angst, Zweifel ade – und hallo Selbstsicherheit, Erfolg und Harmonie. So einfach? Ja, mit der revolutionären Methode des Mindset können Sie Ihren Sorgen endlich Lebewohl sagen und sich auf ein Leben in Freude und Fülle freuen.
Mentalcoach Kurt Tepperwein hat hilfreiche Gedanken gesammelt, die Sie erkennen lassen, wer Sie wirklich sind, was Sie vom Leben erwarten dürfen und welche Aufgabe Sie persönlich hier erfüllen sollen. Zeitloses und wertvolles Wissen, das Sie regelrecht umprogrammiert auf das Leben, das Sie sich immer erträumt haben. Nutzen Sie Ihre kreativen Gedanken!

160 Seiten, farbig, broschiert
ISBN 978-3-89845-668-5
€ [D] 15,00

Elizabeth Clare Prophet & Patricia R. Spadaro

Chakren – Deine sieben Energiezentren

Ganzheitliche Techniken

Basierend auf der Lehre vom feinstofflichen Energiesystem unseres Körpers vermittelt dieses Buch kraftvolle Einsichten und Werkzeuge, um wieder Heilung und Gleichgewicht zu erlangen.
Quelle dieses Wissens sind spirituelle Traditionen, die uns anleiten, wie wir unsere Seele über die sieben Schritte des persönlichen Wachstums voranbringen können.
Darüber hinaus beinhaltet dieses Keybook ganzheitliche Techniken zur Wiederherstellung der energetischen Balance unseres Körpers – angefangen bei Homöopathie über Vitamine und Heilbäder bis hin zur Arbeit mit Meditationen, Affirmationen und Visualisierungen –, um unsere wahre Vitalität zu erreichen.

240 Seiten, mit Abbildungen, broschiert, mit abgerundeten Ecken
ISBN 978-3-89845-567-1
€ [D] 11,00

152 Seiten, mit Abbildungen,
4-fbg., Klappenbroschur
ISBN 978-3-89845-437-7
€ [D] 14,95

Nathalie Bodin

Ho'oponopono

30 Formeln zur Lösung von Konflikten

Entdecken Sie Ho'oponopono ganz praktisch für Ihren Alltag. Nathalie Bodin konzentriert sich auf das Wesentliche im hawaiianischen Vergebungsritual: die Lösung von Konflikten, wie dies in seinen historischen Anfängen der Fall war. Sie hat das ursprüngliche Ritual wiederaufgegriffen und an das moderne westliche Leben angepasst. Sie bringt uns Ho'oponopono nahe, indem sie uns an 30 alltäglichen Situationen zeigt, wie wir Konflikte erfolgreich mit der Energie des Verzeihens und des Reinigens auflösen können.

Entdecken Sie die Weisheit des Ho'oponopono, die auch auf jeden Konflikt in Ihrem Leben anwendbar ist!

192 Seiten, broschiert
ISBN 978-3-89845-393-6
€ [D] 14,95

Gabriele~Saskia Drungowski

Das Beste für dich

Der Weg vom Unbewussten zum Bewussten

Öffnen Sie Tür zu Ihren innersten Räumen, in denen Sie Erstaunliches über sich selbst und Ihre Beziehungen erfahren. Dieses Wissen hilft Ihnen, sich selbst wahrhaft zu erkennen und Ihr eigenes Leben in die Hand zu nehmen, ja sogar die Welt zu verändern.

Die praktischen Anleitungen, Übungen und Meditationen in diesem Buch unterstützten Sie zu begreifen, wer Sie eigentlich sind. Dank dieses Wissens stehen Sie am Anfang einer ungeahnt tiefen Bewusstheit, die alles umfasst, was Sie für Ihr Leben und Ihren eigenen Weg benötigen.

416 Seiten, durchg. farbig,
flexocover
ISBN 978-3-89845-554-1
€ [D] 36,00

Indu Arora

Das große Buch der Mudras

Heilende Übungen für Körper und Seele

Indu Arora ist Yoga-Meisterin, Yoga-Therapeutin und ayurvedische Klinikmedizinerin. Mit diesem Buch eröffnet sie uns die Welt der Mudrās: »Ich möchte mit Ihnen die Weisheit des Yoga und Ayurveda teilen, die Einfachheit in unser kompliziertes Leben bringt. In Harmonie mit unserer inneren Natur und der Natur als solcher zu leben, bringt uns Gesundheit. Nichts hat eine größere Macht, uns zu heilen, als das Selbst!«

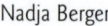

256 Seiten, Flexocover
ISBN 978-3-89845-434-6
€ [D] 16,95

Nadja Berger

Hellsicht, Medialität, Channeling
Mediale Fähigkeiten verstehen und anwenden

Nadja Berger macht Sie mit der Kunst der medialen Wahrnehmung und Kommunikation vertraut und begleitet Sie dabei, diese zu erkunden und auszuüben. Viele praktische Anleitungen und Übungen zur Schulung eigener sensitiver Fähigkeiten helfen Ihnen, Grenzen zu überschreiten, die einem normalerweise gegeben sind, und Dinge zu überschauen, die man aus der alltäglichen Position heraus nicht wahrnehmen kann. Entdecken Sie Ihre medialen Fähigkeiten, stärken Sie Ihre Intuition und begegnen Sie Ihren geistigen Helfern! Dieses Buch macht es möglich.

192 Seiten, broschiert
ISBN 978-3-89845-392-9
€ [D] 14,95

Ines Witte

Lebe aus der Kraft deiner Mitte
Aufgestiegene Meister zeigen dir den Weg

Der Aufgestiegene Meister Konfuzius führt dich auf den Weg zu einem intensiven Kontakt mit dir selbst und zu einer inneren Balance, die dir Harmonie, Gelassenheit und Zufriedenheit schenkt. Konfuzius hilft dir beim Erkennen des göttlichen Plans, beim Gewinn von Wissen und bei der Entfaltung deines eigenen Potenzials. Seine Channelings und Meditationen unterstützen dich darin, die Verbindung zur Kraft deiner Mitte wiederherzustellen und zu pflegen. So wirst du schon bald das Höhere Selbst als wissenden Ratgeber in dein alltägliches Leben einbeziehen.

248 Seiten, broschiert
ISBN 978-3-89845-471-1
€ [D] 16,95

Joachim Vieregge

Einfach gute Gedanken
Heilung unseres feinstofflichen Körpers

Die Ursache vieler Probleme liegt auf der Ebene unserer Gedanken, auf der sich negative Gedankenformen eingenistet haben. Joachim Vieregge erklärt, was negative Gedankenformen sind und zeigt uns, wie wir diese auf einfache Weise transformieren und wandeln können, so dass die Last von leidvollen Gedanken aufgehoben wird, an die wir viel zu lange geglaubt haben. Dann können wir das erleben, was unsere tiefste Sehnsucht ist: das Leben befreit genießen.